Klinik des Rezidivtumors im Kopf-Hals-Bereich
Grundlagen · Diagnostik · Therapie

Herausgegeben von
H. D. Böttcher
T. G. Wendt und
M. Henke

Klinik des Rezidivtumors im Kopf-Hals-Bereich

Grundlagen · Diagnostik · Therapie

45 Abbildungen
und 38 Tabellen

W. Zuckschwerdt Verlag
München · Bern · Wien · New York

Auslieferung W. Zuckschwerdt Verlag GmbH

Deutschland:	Schweiz:	Österreich:	USA:
Brockhaus Kommission	Hans Huber Verlag	Maudrich Verlag	Scholium International Inc
Verlagsauslieferung	Länggassstrasse 76	Spitalgasse 21a	151 Cow Neck Road
Kreidlerstrasse 9	CH-3000 Bern 9	A-1097 Wien	Post Washington
D-70806 Kornwestheim			11050 New York

Die Deutsche Bibliothek – CIP-Einheitsaufnahme

Ein Titeldatensatz für diese Publikation ist bei Der Deutschen Bibliothek erhältlich.

Printed in Germany by Presse-Druck, Augsburg

ISBN 3-88603-730-4

Inhalt

Vorwort

5% aller soliden Tumoren weltweit sind Kopf-Hals-Tumoren. Der Prozentsatz nimmt kontinuierlich zu. Über 80% dieser Tumoren sind histologisch Plattenepithelkarzinome, die trotz aggressiver multimodaler Therapie häufig rezidivieren, in der Mundhöhle z.B. mit 25–48%. Dieser Umstand fordert zwingend, sich eingehend mit den Grundlagen der Diagnostik und Therapie dieser Rezidive auseinander zu setzen – zumal, weil häufig die meisten therapeutischen Optionen bereits anlässlich der Primärtherapie ausgeschöpft werden.

Seit 1993 besteht an der Klinik für Strahlentherapie und Onkologie am Klinikum der Johann Wolfgang Goethe-Universität Frankfurt eine Arbeitsgruppe zur palliativen Therapie, die sich darum bemüht, teilzuhaben an der Erstellung von Richtlinien für die Behandlung metastasierter solider Tumoren in der Onkologie. Am 13. Januar 1996 trat diese multizentrische Arbeitsgruppe erstmals mit dem »1. Bad Nauheimer Radioonkologie-Gespräch zur Palliativen Therapie« zum Thema »Klinik der Knochenmetastasen Grundlagen, Diagnostik, Therapie« an die Öffentlichkeit. Ihm folgte am 10. Januar 1998 das 2. Bad Nauheimer Gespräch mit dem Thema »Klinik des Metastasierten Malignen Melanoms« und am 8. Januar 2000 das 3. Symposium dieser Art mit dem Thema »Klinik des Rezidivtumors im Kopf-Hals-Bereich«.

Wie die ersten beiden Symposien verlief auch diese 3. Veranstaltung sehr erfolgreich und war hervorragend besucht. Wie in der Vergangenheit traten auch diesmal als Referenten überwiegend Ordinarien aller mit der Tumortherapie befassten Fachrichtungen sowie hochqualifizierte Spezialisten der Grundlagenforschung aus dem deutschsprachigen Raum auf. Auch diesmal fand sich bundesweit eine erfreulich positive Resonanz.

Alle Referenten haben sich bereit erklärt, aus ihren Vorträgen Buchbeiträge zu erstellen, wie das auch in der Vergangenheit der Fall gewesen ist. Das Ergebnis dieses letzten Symposiums liegt Ihnen nun in Form dieses Buches vor, das das Thema »Kopf-Hals-Tumorrezidiv« aus allen damit befassten Fachrichtungen, von der Pathologie und Grundlagenforschung über die Diagnostik bis zur Therapie kompetent und vollständig behandelt. Ich hoffe auch diesmal, dass das vorliegende Buch Ihnen Begleiter und Ratgeber für Ihre tägliche Arbeit sein wird.

Prof. Dr. H. D. Böttcher
Frankfurt, 2000

Verzeichnis der Autoren

Adams S., Priv.-Doz. Dr.
Klinik für Radiologische Diagnostik und Nuklearmedizin
Marienhospital, Ruhr-Universität Bochum
Hölkeskampring 40, 44625 Herne

Baum R. P., Prof. Dr.
Chefarzt des PET-Zentrums
Zentralklinik Bad Berka
Robert-Koch-Allee 9, 99437 Bad Berka

Bootz F., Prof. Dr.
Direktor der Klinik für Hals-, Nasen- und Ohrenheilkunde
Universitätsklinik der Universität Leipzig
Liebigstraße 18a, 04103 Leipzig

Böttcher H. D., Prof. Dr.
Direktor der Klinik für Strahlentherapie
Geschäftsführender Direktor des Zentrums der Radiologie
Klinikum der Johann Wolfgang Goethe-Universität
Theodor-Stern-Kai 7, 60590 Frankfurt/Main

Buschbeck B., Dr.
Klinik für Strahlentherapie (Radioonkologie)
Christian-Albrechts-Universität
Arnold-Heller-Straße 9, 24105 Kiel

Donath K., Prof. Dr. Dr.
em. Direktor der Abteilung für Oralpathologie
Institut für Pathologie
Universitätskrankenhaus Hamburg Eppendorf
Wichenstraße 73, 32289 Rödinghausen

Felix R., Prof. Dr.
Geschäftsführender Direktor der Strahlenklinik
Humboldt-Universität zu Berlin, Charité
Augustenburger Platz 1, 13353 Berlin

Galalae R., Dr.
Oberarzt der Klinik für Strahlentherapie (Radioonkologie)
Christian-Albrechts-Universität
Arnold-Heller-Straße 9, 24105 Kiel

Gellermann J., Dr.
Strahlenklinik der Humboldt-Universität zu Berlin, Charité
Augustenburger Platz 1, 13353 Berlin

Graf R., Dr.
Strahlenklinik der Humboldt-Universität zu Berlin, Charité
Augustenburger Platz 1, 13353 Berlin

Greiner R., Prof. Dr.
Direktor der Klinik für Radio-Onkologie, Inselspital
Universitätsklinik Bern
CH-3010 Bern

Harder C., Dr.
Strahlenklinik der Humboldt-Universität zu Berlin, Charité
Augustenburger Platz 1, 13353 Berlin

Henke M., Dr.
Oberarzt der Abteilung für Strahlentherapie
Radiologische Universitätsklinik, Albert-Ludwigs-Universität
Hugstetter Straße 55, 79106 Freiburg

Iro H., Prof. Dr.
Direktor der Klinik und Poliklinik für Hals-Nasen-Ohrenkranke
der Universität Erlangen-Nürnberg
Waldstraße 1, 91054 Erlangen

Kimmig B. N., Prof. Dr.
Klinik für Strahlentherapie (Radioonkologie)
Christian-Albrechts-Universität
Arnold-Heller-Straße 9, 24105 Kiel

Kohr P., Dr.
Physiker der Klinik für Strahlentherapie (Radioonkologie)
Christian-Albrechts-Universität
Arnold-Heller-Straße 9, 24105 Kiel

Kovács G., Prof. Dr.
Leiter des Interdisziplinären Zentrums für Brachytherapie
Klinik für Strahlentherapie (Radioonkologie)
Christian-Albrechts-Universität
Arnold-Heller-Straße 9, 24105 Kiel

Kreusch T., Prof. Dr. Dr.
Leitender Oberarzt der Klinik für Mund-, Kiefer- und Gesichtschirurgie
Universitätsklinikum Kiel
Arnold-Heller-Straße 16, 24105 Kiel

Maune S., Priv.-Doz. Dr.
Oberarzt der Klinik für Hals-, Nasen- und Ohrenheilkunde, Kopf- und Halschirurgie
Christian-Albrechts-Universität
Arnold-Heller-Straße 9, 24105 Kiel

Niehoff P., Dr.
Klinik für Strahlentherapie (Radioonkologie)
Christian-Albrechts-Universität
Arnold-Heller-Straße 9, 24105 Kiel

Riess H., Prof. Dr.
Leiter Speziallabore
Medizinische Klinik, Schwerpunkt Hämatologie-Onkologie
Humboldt-Universität zu Berlin, Charité
Augustenburger Platz 1, 13353 Berlin

Sauer R., Prof. Dr.
Direktor der Klinik für Strahlentherapie
Friedrich-Alexander-Universität Erlangen
Universitätsstraße 27, 91054 Erlangen

Schalhorn A., Prof. Dr.
Oberarzt der Medizinischen Klinik III
Universitätsklinikum Großhadern
Marchioninistraße 15, 81377 München

Strnad V., Priv.-Doz. Dr.
Klinik für Strahlentherapie
Friedrich-Alexander-Universität
Universitätsstraße 27, 91054 Erlangen

Vaupel P., Prof. Dr.
Geschäftsführender Leiter des Instituts für Physiologie
und Pathophysiologie
Johannes-Gutenberg-Universität
Duesberg Weg 6, 55099 Mainz

Vogl Th. J., Prof. Dr.
Direktor des Instituts für Diagnostische und Interventionelle Radiologie
Johann Wolfgang Goethe-Universität
Theodor-Stern-Kai 7, 60590 Frankfurt

Waldfahrer F., Dr.
Klinik und Poliklinik für Hals-Nasen-Ohrenkranke
der Universität Erlangen-Nürnberg
Waldstraße 1, 91054 Erlangen

Wendt T. G., Prof. Dr.
Direktor der Abteilung für Strahlentherapie
Klinikum der Friedrich-Schiller-Universität Jena
Am Steiger 6/Bachstraße 18, 07740 Jena

Wust P., Priv.-Doz. Dr. Dipl.-Phys.
Oberarzt der Strahlenklinik
der Humboldt-Universität zu Berlin, Charité
Augustenburger Platz 1, 13353 Berlin

Einleitung: Die Rezidivtherapie bei malignen Kopf-Hals-Tumoren

Die Therapieergebnisse lokoregionär fortgeschrittener Plattenepithelkarzinome von Pharynx, Larynx und Mundhöhle konnten in den zurückliegenden zwei Jahrzehnten durch neue chirurgische Verfahren wie zum Beispiel die Laserchirurgie, aber auch durch die Integration der zytostatischen Chemotherapie oder durch veränderte Fraktionierung der Strahlentherapie verbessert werden. Sind lokoregionäre Rezidive mit hämatogenen Fernmetastasen vergesellschaftet, so bemisst sich die verbleibende Lebensspanne nach Wochen und Monaten. Im Vordergrund stehen dann die symptomatische Therapie sowie in ausgewählten Fällen die zytostatische Chemotherapie.

Tritt das lokoregionäre Rezidiv isoliert auf, stehen therapeutische Optionen mit palliativem Ziel, aber auch in einzelnen Fällen mit kurativem Ziel zur Verfügung. In der Rezidivtherapie werden dieselben Therapieformen wie in der Primärtherapie eingesetzt, wenngleich weniger standardisiert, sondern in hohem Maße adaptiert an die anatomischen Gegebenheiten, die vorausgegangene Therapie, die bestehende und zu therapierende Symptomatik sowie an das posttherapeutisch zu erwartende funktionelle Resultat. Das bunte klinische Bild, der naturgemäße und nicht behebbare Mangel an evidenzbasierten Daten, aber auch die mitunter sehr schwierige Einschätzung der Prognose machen die Rezidivtherapie zu einer besonders schwierigen interdisziplinären Aufgabe.

Das Thema Rezidivtherapie von malignen Kopf-Hals-Tumoren wird selten auf Tagungen und Fachkongressen abgehandelt. Um so erfreulicher ist es, dass es dem Veranstalter gelungen ist, das Thema in ausgezeichneten Vorträgen aller beteiligten Disziplinen darzustellen und zu diskutieren. Das vorliegende Buch fasst die Vorträge mit eingearbeiteter Diskussion in übersichtlicher Form zusammen.

Prof. Dr. Th. G. Wendt
Jena, 2000

Biologische Grundlagen und Pathologie des Tumorrezidivs

K. Donath
Abteilung für Oralpathologie, Institut für Pathologie der Universität Hamburg

Das *Rezidiv* (lat. recidere = zurückfallen) ist das Wiederauftreten der gleichen Erkrankung nach einem symptomlosen Intervall. Das *Tumorrezidiv* entsteht nach unvollständiger therapeutischer Tumorbeseitigung, zum Beispiel nach chirurgischer, radiologischer, Chemo- oder einer Kombinationstherapie. Die Eigenheit des malignen Primärtumors, sich in Gewebs- und Lymphgefäßspalten infiltrativ auszubreiten, macht es verständlich, dass nach operativer Tumorausräumung noch Tumorzellkomplexe oder einzelne Tumorzellen in der Umgebung zurückbleiben können. Auch bei der Strahlen- und der Chemotherapie ist der Behandlungserfolg unterschiedlich, da einzelne Tumorzellen die Therapie überleben können. Die vitalen Tumorzellen können erneut einen Tumor bilden, der als *Rezidivtumor* bezeichnet wird. Treten Rezidive am Entstehungsort nach therapeutischer Tumorentfernung auf, spricht man von einem *Lokalrezidiv*. Rezidive entwickeln sich auch aus *Metastasen*, die schon vor der Entfernung des Primärtumors entstanden, aber zunächst unbemerkt geblieben sind.
Auch die histologisch tumorfreien Schnittränder eines Operationspräparates gut- oder bösartiger Tumoren geben keine Garantie dafür, dass nicht durch diskontinuierliche Ausbreitung doch bereits in der Umgebung Tumorzellen zurückbleiben, die nicht operativ entfernt wurden und zu einem Rezidivtumor heranwachsen. Die Mehrzahl der Rezidive tritt in den ersten Monaten bis Jahren nach der Behandlung auf; sie werden als *Frührezidive* bezeichnet.
Bei Rezidiven, die erst nach Jahren (mindestens 5-jähriges freies Intervall ohne Metastasen) auftreten, spricht man von *Spätrezidiven* oder *Spätmetastasen*. Dieser Umstand ist ein Hinweis dafür, dass Tumorzellen in der Umgebung des Primärtumors oder metastatisch verschleppt über viele Jahre leben können und nur gering wachsen, um erst nach Jahren in ein rapides Wachstum überzugehen. Offenbar können einzelne Tumorzellen im Interstitium über größere Strecken wandern und dort lange Zeit ruhen, vor allem, wenn sie keinen Anschluss an Blutgefäße finden. Über die Lebensbedingungen der schlummernden Tumorzellen (engl. dormant cells) und die Umstände, unter denen sie plötzlich doch in ein rasches Wachstum übergehen, ist wenig bekannt.

Da die meisten Tumoren in den ersten Jahren nach der Therapie rezidivieren oder metastasieren, ist als Maß für einen Therapieerfolg die »5-Jahres-Grenze« eingeführt worden, die entweder als 5-Jahres-Überlebensrate oder als 5-Jahre-Tumor- und -Rezidiv-Freiheit bestimmt wird. Für einige Tumoren ist als Gradmesser für einen Therapieerfolg auch der jeweilige 10-Jahres-Wert ermittelt worden.

Ausgedehnte Untersuchungen zur *Rezidivfrequenz* der Tumoren der Kopf-Hals-Region wurden durchgeführt. *Roland* et al. (15) fanden eine nur gering erhöhte Rezidivrate bei niedrigdifferenzierten Plattenepithelkarzinomen von 27% im Vergleich zu 25% bei hochdifferenzierten.
Das karzinoembryonale Antigen (CEA) ist ein onkofetales Protein, das bei gutartigen wie auch bösartigen Tumoren der Speicheldrüsen und des Plattenepithels vorliegen kann. *Kuhel* et al. (4) fanden beim adenoidzystischen Karzinom der Trachea einen erhöhten Serum-CEA-Spiegel, der nach Tumorentfernung sank. Der Serum-CEA-Spiegel stieg an, als sich ein Tumorrezidiv entwickelte. Die Tumormarker karzinoembryonales Antigen (CEA), Thymidinkinase (TK), Carbohydrat-Antigen (CA 19-9), Plattenepithelkarzinom-Antigen (SCC) und Deoxythymidin-5´-triphosphatase (dTTPase) sind in der Diagnostik und für die Beurteilung der biologischen Wertigkeit nur von geringer Bedeutung (21). Die Untersuchungsergebnisse der zytogenetischen Marker bei Kopf-Hals-Tumoren ergaben eine Korrelation von 9p21-Deletion zu Karzinomrezidiven der Kopf-Hals-Region (6). Da chromosomale Veränderungen wie eine 9p21-Deletion auch bei vielen anderen Tumoren zu finden sind, ist dieser Marker für die Erkennung der Tumorrezidive unzuverlässig. Das in den Kopf-Hals-Karzinomen positive p53-Protein ist nach den Untersuchungen von *Kropveld* (2) für prognostische Aussagen nicht geeignet, da in 91% nach chirurgischer Strahlen- oder Chemotherapie eine Mutation des p53-Proteins erfolgt.

Plattenepithelkarzinome der Mundhöhle haben eine sehr hohe Rezidivfrequenz, die mit 25–48% angegeben wird. Die Rezidive treten dabei vorwiegend am Ort des entfernten Primärtumors auf. Über die Gesetzmäßigkeiten von Rezidiven oder Metastasen der Kopf-Hals-Karzinome ist nur wenig bekannt. Zur Aufklärung der Rezidivhäufigkeit der Kopf-Hals-Karzinome wurden unter anderem auch zahlreiche klinische Untersuchungen im Vergleich zum Therapieverfahren durchgeführt (7–9, 11, 13, 16).
Stell (19) fand heraus, dass die Prognose sich verbesserte, wenn das Intervall zwischen Therapie und 1. Tumorrezidiv sehr groß war. Prognostisch ungünstig soll die postoperative Radiotherapie bei Patienten mit einem Rezidivtumor eines Plattenepithelkarzinoms im primären Operationsgebiet sein (13). *Trotti* et al. (20) sahen einen Zusammenhang im Zeitinter-

vall der Operation bis zur postoperativen Strahlentherapie. Nach ihren Untersuchungen stieg die Rezidivrate auf 45%, wenn zwischen Operation und Radiotherapie mehr als vier Wochen lagen. *O'Brien* et al. (11) hatten in ihrem Patientengut nach der adjuvanten Strahlentherapie weniger lokale Rezidive, dafür mehr Fernmetastasen.

Die klinische und histopathologische Diagnose eines Rezidivtumors im oberen Aerodigestivtrakt ist schwierig, da differenzialdiagnostisch außer einem Rezidiv eine Metastase oder auch ein sekundärer Primärtumor infrage kommen kann. Die Schwierigkeit bei der histopathologischen Untersuchung des Tumors liegt darin, dass bei allen drei genannten Entitäten ein Plattenepithelkarzinom vorliegen kann.

Die häufigsten Tumoren und auch Rezidive der Kopf-Hals-Region sind überwiegend Plattenepithelkarzinome. Daneben gibt es Tumorrezidive der Kopf-Hals-Region, die von mesenchymalen oder epithelialen Primärtumoren ausgehen und einer unterschiedlichen Lokalisation zuzuordnen sind:

- Nasenhöhle und Nasennebenhöhlen
- Mundhöhle, Nasopharynx und Hals
- Larynx und Hypopharynx
- Große und kleine Speicheldrüsen und
- Äußeres, mittleres und Innenohr

Die Rezidivtumoren der Nasenhöhle und der Nasennebenhöhlen können von Tumorzellen gut- und bösartiger Primärtumoren ausgehen. Gutartige mesenchymale Tumoren, die zu Rezidiven neigen, sind

- Kapilläres Hämangiom
- Sinonasales Hämangioperizytom
- Fibromatose (Desmoidtumor)
- Leiomyom
- Myxom

Gutartige epitheliale Tumoren sind

- Sinonasale Papillome und das
- Ameloblastom

Bei den inverten Papillomen ist die Frequenz der Rezidivtumoren von der Operationsmethode abhängig (5). Im ungünstigen Fall können in 80% der Fälle Rezidive auftreten (12).

Rezidivtumoren der Nasenhöhle und der Nasennebenhöhlen bösartiger Primärtumoren sind

- Plattenepithelkarzinom
- Sinonasales Adenokarzinom
- Malignes Schleimhautmelanom
- Malignes fibröses Histiozytom

- Fibrosarkom
- Leiomyosarkom
- Angiosarkom
- Osteosarkom und
- Teratokarzinom

In einer Studie zu den Nicht-Plattenepithelkarzinomen der Nasenhöhle und Nasennebenhöhlen der Jahre 1966 bis 1982 von *Spiro* et al. (18) waren 106 Patienten von einem Tumorleiden betroffen. Bei den Tumoren handelte es sich um Speicheldrüsenkarzinome, Sarkome, Melanome, Esthesioneuroblastome, Lymphome und anaplastische Karzinome. Die 10-Jahres-Überlebensrate war schlecht, was durch die lokalen Rezidive, die als Behandlungsmisserfolg angesehen wurden, erklärt wurde.

Rezidivtumoren der Mundhöhle, des Nasopharynx, der Tonsillen und des Halses bösartiger Primärtumoren sind
- Plattenepithelkarzinom
- Nasopharyngeales Karzinom
- Rhabdomyosarkom
- Malignes Schwannom
- Liposarkom

Die Häufigkeit der Plattenepithelkarzinome der Mundhöhle beträgt etwa 4% aller epithelialen Malignome. Die Plattenepithelkarzinome sind lokalisiert besonders in der >Unterlippe, >Zunge, >Mundboden, >Zahnfleisch, >Gaumen, >Tonsillen, >Oberlippe, >Wangenschleimhaut. Rezidive sind nur schwer von sekundären Primärtumoren zu unterscheiden, da es sich histologisch jeweils um das Plattenepithelkarzinom handelt. Bei Patienten mit einem Plattenepithelkarzinom der Mundhöhle besteht eine vierfach höhere Potenz zur Entwicklung eines sekundären Primärtumors. Die Rezidivhäufigkeit ist bei den einzelnen Tumorlokalisationen verschieden. Risikofaktoren für Rezidive sind der Typ des endophytischen Tumorwachstums, Muster des invasiven Wachstums und die Infiltrationstiefe (3).

Rezidivtumoren des Larynx und des Hypopharynx bösartiger Primärtumoren sind
- Plattenepithelkarzinom
- Verruköses Karzinom

Das verruköse Karzinom ist eine Variante des hochdifferenzierten Plattenepithelkarzinoms. Es wächst lokal destruktiv, ohne zu metastasieren. Es entwickelt sich besonders im oberen Aerodigestivtrakt, am häufigsten in der Mundhöhle >Larynx >Sinonasaltrakt, Nasopharynx.

Häufiger Rezidivtumor der gutartigen Speicheldrüsen ist das pleomorphe Adenom. Die Rezidivhäufigkeit steht in direkter Beziehung zur »Kapselverletzung« der stromareichen Tumoren während der Operation (10). Die Speicheldrüsenkarzinome weisen je nach Differenzierungstyp eine unterschiedliche Rezidivfrequenz auf. Die Azinuszellkarzinome entwickeln lokale Rezidive in den ersten fünf Jahren, die Rezidivrate liegt bei 12–44%. Die Rezidive bei den Mukoepidermoidkarzinomen entwickeln sich 1 bis 4 Jahre nach der Therapie, rezidivfreie Intervalle bis zu 20 Jahren sind möglich. Die hochdifferenzierten rezidivieren nur in 10%, die niedrigdifferenzierten in 75–80%. Bei den adenoid-zystischen Karzinomen besteht eine Abhängigkeit der Bildung von Rezidiven oder Metastasen vom Differenzierungstyp: 14% tubulärer, 36% glandulärer, 70% solider Subtyp. Das polymorphe niedrigmaligne Adenokarzinom bildet lokale Rezidive in 40% der Fälle, das epithelial-myoepitheliale Karzinom rezidiviert in 23,5–40% der Fälle. Das Basalzelladenokarzinom hat eine Rezidivrate von 25%, das onkozytäre Karzinom von 30%, das myoepitheliale Karzinom von 25%. Rezidive besonders im ersten postoperativen Jahr entwickeln sich beim Plattenepithelkarzinom, knapp 20% wurden auch noch nach sechs Jahren beobachtet. Rezidive in den ersten vier Jahren und auch noch nach 20 Jahren wurden beim invasiven Karzinom im pleomorphen Adenom beobachtet (17).

Literatur

1 Gleich LL, Biddinger PW, Pavelic ZP, Gluckman JL (1996) Tumor angiogenesis in T1 oral cavity squamous cell carcinoma: role in predicting tumor aggressiveness. Head Neck 18 (4): 340–346

2 Kropveld A (1998) p53 in diagnosis and treatment of head and neck cancer. Proefschrift Universiteit Utrecht

3 Kirita T, Okabe S, Izumo T, Sugimura M (1994) Risk factors for the postoperative local recurrence of tongue carcinoma. J Oral Maxillofac Surg 52 (2): 149–154

4 Kuhel WI, Chow H, Godwin TA, Minick CR, Libby DM (1995) Elevated carcinoembryonic antigen levels correlating with disease recurrence in a patient with adenoid cystic carcinoma. Head Neck 17 (5): 431–436

5 Lawson W, Ho BT, Shaari CM, Biller HF (1995) Inverted papilloma: report of 112 cases. Laryngoscope 105 (3): 282–288

6 Lydiatt WM, Davidson BJ, Schantz SP, Caruana S, Chaganti RS (1998) 9p21 deletion correlates with recurrence in head and neck cancer. Head Neck 20 (2): 113–118

7 Mabanta SR, Mendenhall WM, Stringer SP, Cassisi NJ (1999) Salvage treatment for neck recurrence after irradiation alone for head and neck squamous cell carcinoma with clinically positive neck nodes. Head Neck 21 (7): 591–594

8 Mantravadi RV, Skolnik EM, Haas RE, Applebaum EL (1983) Patterns of cancer recurrence in the postoperatively irradiated neck. Arch Otolaryngol 109 (11): 753–756

9 Mendenhall WM, Parsons JT, Amdur RJ, Cassisi NJ, Million RR (1988) Squamous cell carcinoma of the head and neck treated with radiotherapy: does planned neck dissection reduce the change for successful surgical management of subsequent local recurrence. Head Neck Surg 10 (5): 302–304

10 Myssiorek D, Ruah CB, Hybels RL (1990) Recurrent pleomorphic adenoma. Head Neck 12 (4): 332–336
11 O'Brien CJ, Smith JW, Soong SJ, Urist MM, Maddox WA (1986) Neck dissection with and without radiotherapy: prognostic factors, patterns of recurrence, and survival. Am J Surg 152 (4): 456–463
12 Raveh E, Feinmesser R, Shpitzer T, Yanviv E, Segal K (1996) Inverted papilloma of the nose and paranasal sinuses: a study of 56 cases and review of the literatures. Isr J Med Sci 32 (12): 1163–1167
13 Regine WF, Valentino J, Patel P, Sloan DA, Mohiuddin M, Kenady DE (1997) Efficacy of postoperative radiation therapy for recurrent squamous cell carcinoma of the head and neck. Int J Radiol Oncol Biol Phys 39 (2): 297–302
14 Regine WF, Valentino J, Sloan DA, Patel P, Pittard MQ, Kenady DE, Mohiuddin M (1999) Postoperative radiation therapy for primary vs. recurrent squamous cell carcinoma of the head and neck: results of a comparative analysis. Head Neck 21 (6): 554–559
15 Roland NJ, Caslin AW, Nash J, Stell PM (1991) Value of grading squamous cell carcinoma of the head and neck. Head Neck 13 (4): 277–281
16 Schwartz GJ, Mehta RH, Wenig BL, Shaligram C, Portugal LG (2000) Salvage treatment for recurrent squamous cell carcinoma of the oral cavity. Head Neck 22: 34–41
17 Seifert G (1996) Pathologie der Speicheldrüsen, Oralpathologie I. In: Spezielle pathologische Anatomie; Band I/I, 2. Aufl. Springer
18 Spiro JD, Soo KC, Spiro RH (1995) Nonsquamous cell malignant neoplasms of the nasal cavities and paranasal sinuses. Head Neck 17 (2): 114–118
19 Stell PM (1991) Time to recurrence of squamous cell carcinoma of the head and neck. Head Neck 13 (4): 277–281
20 Trotti A, Klotch D, Endicott J, Ridley M, Cantor A (1998) Postoperative accelerated radiotherapy in high-risk squamous cell carcinoma of the head and neck: long-term results of a prospective trial. Head Neck 20 (2): 119–123
21 Walther EK, Dahlmann N, Gorgulla HT (1993) Tumor markers in the diagnosis and follow-up of head and neck cancer: Role of CEA, CA 19-9, SCC, Tk, and dTTPase. Head Neck 15 (3): 230–235

Durchblutung und Oxygenierungsstatus von Kopf-Hals-Tumoren[1]

P. Vaupel
Institut für Physiologie und Pathophysiologie,
Johannes Gutenberg-Universität Mainz

Einleitung

Viele solide Tumoren sind relativ resistent gegen schwach ionisierende Strahlung, Chemotherapie und andere nicht-operative Behandlungsverfahren. Eine Vielzahl von Faktoren ist für das fehlende Ansprechen verantwortlich, darunter a) eine intrinsische, genetisch determinierte Resistenz und b) physiologische Eigenschaften, die primär durch eine inadäquate und heterogene Gefäßversorgung bedingt sind. Zu den physiologischen Faktoren zählen mikrozirkulatorische Parameter (einschließlich des transvaskulären und interstitiellen Transports), Gewebeoxygenierung und Nährstoffversorgung, pH-Wert des Gewebes und bioenergetischer Status. Trotz ihrer potenziell großen Bedeutung für Tumorwachstum und Metastasierung, für die Tumordiagnostik, für ein frühes Ansprechen des Tumors auf die Behandlung und wahrscheinlich auch für die Langzeitprognose existieren wenig zuverlässige Daten über (patho-)physiologische Eigenschaften menschlicher solider Tumoren (1–5). Die Zahl klinischer Forschungsvorhaben zu diesem Thema nimmt jedoch ständig zu. Obwohl Tumoren der Kopf-Hals-Region (Lippe, Mundhöhle, Rachen) bei Männern derzeit einen Anteil von 4–5% an der Gesamtkrebssterblichkeit haben, besteht noch ein erhebliches Informationsdefizit bezüglich der Durchblutung und des Oxygenierungsstatus (6). In diesem Beitrag werden wichtige Ergebnisse zur Blut- und Sauerstoffversorgung bei Kopf-Hals-Tumoren (vor allem Plattenepithelkarzinome) zusammengefasst und auf die Relevanz dieser Parameter für das Wachstum und die Therapie von Kopf-Hals-Tumoren hingewiesen.

Vaskularisation solider Tumoren

Das Wachstum solider Malignome ist mit der Um- und Neubildung von Blutgefäßen aus dem Wirtsgewebe (Angiogenese) eng verbunden. Ledig-

[1] Gefördert durch die Deutsche Krebshilfe (70-1920 Va 2)

lich kleinste Zellaggregate können ohne Anschluss an das Gefäßsystem des Wirts bleiben. Diese werden ausschließlich durch Diffusion ernährt, sodass das Wachstum auf einen Durchmesser von 1–2 mm limitiert bleibt. Die Tumorgefäße weisen jedoch eine Reihe von strukturellen, architektonischen und funktionellen Anomalien auf, sodass ausgeprägte Störungen der Mikrozirkulation in einzelnen Tumorabschnitten auftreten. Die Dichte der Blutgefäße in einem Tumor ist sehr unterschiedlich, wobei avaskuläre (Mikro-)Areale dicht benachbart zu hypervaskularisierten Gebieten gefunden werden. Abnorme Verzweigungen, irreguläre Kaliberschwankungen, die Kompression von Gefäßen durch Tumorzellen, die Existenz von korkenzieherartigen, torquierten Gefäßen, der Verlust des hierarchischen Aufbaus des Gefäßnetzes, blinde Gefäßendigungen, Gefäßelongationen und andere Veränderungen führen zu einer starken Zunahme des vaskulären (geometrischen) Strömungswiderstands.

Die Wandstrukturen der neu gebildeten Gefäße weisen ebenfalls eine Reihe von Anomalien auf. Man findet in vielen Tumoren Diskontinuitäten des Endothels und der einfach strukturierten Basalmembran. Die Gefäßwandstrukturen sind »unreif«, und häufig beteiligen sich Tumor- und andere extravaskuläre Zellen an der Gefäßwandbildung. Die Folge dieser Veränderungen ist eine (heterogen verteilte) erheblich gesteigerte Permeabilität der Tumorgefäße. Eine Extravasation von Blutzellen und vor allem ein Abstrom von Blutplasma in den extravasalen Raum sind die Folge. Die Expansion des interstitiellen Raums führt ebenso wie die unkontrollierte Zellproliferation und die Abnahme der Gefäßdichte zu einer Vergrößerung der Diffusionsstrecken für Sauerstoff und andere Substrate, für Stoffwechselendprodukte und Wachstumsfaktoren (z.B. Hormone).

Aufgrund des Plasmaabstroms aus den Tumorgefäßen kommt es zu einer Hämokonzentration während der Tumorpassage und damit zu einem starken Anstieg der Blutviskosität, der die Fließeigenschaften des Blutes so weit verschlechtert, dass die Perfusion des Tumorgewebes zusätzlich erschwert wird. Hinzu kommen noch niedrige Scherkräfte an den Gefäßwänden (wegen der relativ großen Gefäßdurchmesser), sodass sich häufig Erythrozyten- und Leukozytenaggregate sowie Mikro- und Makrothromben bilden, welche die Durchblutung zusätzlich erheblich beeinträchtigen können. Zeitweise Flussunterbrechungen, temporäre Umkehrungen der Flussrichtung und wechselnde Durchflussgeschwindigkeiten sind die Folge.

Zu den Abnormitäten der Tumorstrombahn zählen weiterhin eine erhebliche arteriovenöse Kurzschlussdurchblutung sowie das Fehlen kontraktiler Wandelemente und pharmakologischer bzw. physiologischer Rezeptoren. Eine Regulation der Durchblutung, also eine Anpassung an unterschiedliche metabolische Situationen der Tumorzellen, ist damit ausgeschlossen. Eine funktionierende Gefäßinnervation fehlt ebenfalls, was die

gefäßbedingten Störungen der Gewebeversorgung verstärkt. Auch die Inkorporation bereits vorhandener Gefäße in die unkontrolliert in das Normalgewebe einwachsende Tumormasse kann nicht verhindern, dass Wachstumsverlangsamungen, Apoptosen und Nekrosen aufgrund der Mangelversorgung auftreten.
Die heterogene Verteilung der Tumorgefäße und die chaotische Mikrozirkulation im Tumor führen zu Inhomogenitäten der Oxygenierung, der Nährstoffversorgung, der Katabolitendrainage, des Gewebe-pH und des bioenergetischen Status. Dies alles sind Faktoren des so genannten metabolischen Mikromilieus. Variationen dieser relevanten Parameter zwischen Tumoren (selbst bei gleicher klinischer Größe, gleichem klinischen Stadium, gleichem Differenzierungsgrad und gleicher Histologie) sind oft ausgeprägter als Unterschiede, die zwischen verschiedenen Lokalisationen bzw. Mikrogebieten innerhalb eines Tumors auftreten (4).
Vom morphologischen Bild des Tumorgefäßbetts lassen sich nicht notwendigerweise direkte Rückschlüsse auf funktionelle Aspekte der Mikrozirkulation oder der nutritiven Durchblutung des Tumors ziehen. In experimentellen Tumorsystemen wird zu bestimmten Zeiten nur ein Teil der Tumorgefäße (20–85%) perfundiert. Dieser Anteil hängt von der untersuchten Tumorzelllinie ab (7).
Die publizierten Ergebnisse hinsichtlich der klinischen Bedeutung und des prognostischen Wertes der Angiogenese humaner Tumoren sind widersprüchlich. Es wurde postuliert, dass die ausschließlich in den gefäßreichsten Tumorbereichen ermittelte Gefäßdichte ein unabhängiger prognostischer Faktor bei Kopf-Hals-Tumoren ist (8–13). Im Gegensatz dazu haben andere Arbeitsgruppen gezeigt, dass eine erhöhte Gefäßdichte nicht mit einem längeren Überleben assoziiert war (14, 15). Es ist daher noch nicht absolut sicher, ob die Zahl der Mikrogefäße in histologischen Schnitten von Tumorpräparaten für prognostische Aussagen bei Patienten mit Kopf-Hals-Tumoren von Nutzen ist. Um ein deutliches und detailliertes Bild der prognostischen Bedeutung der Tumorvaskularisation zu gewinnen, sind weitere Studien erforderlich (16).

Durchblutung von Kopf-Hals-Tumoren

Bisher sind nur wenige Studien zur Durchblutung von Kopf-Hals-Tumoren durchgeführt worden (17–21) (Tab. I). Bei einigen handelt es sich eher um Einzelfallbeobachtungen als um systematische Untersuchungen, sodass derzeit keine endgültigen Beurteilungen möglich sind. Fasst man die Einzeldaten zur Durchblutung aus verschiedenen Studien zusammen, sind folgende (vorläufige) Schlussfolgerungen möglich:

a) Die Durchblutung (und damit die O_2-Versorgung) der Kopf-Hals-Tumoren ist sehr variabel, und zwar in der Größenordnung zwischen den

Tabelle I. Durchblutung von Kopf-Hals-Tumoren (n = Zahl der untersuchten Tumoren).

	Mittelwert, $ml \cdot g^{-1} \cdot min^{-1}$	Bereich, $ml \cdot g^{-1} \cdot min^{-1}$	Methode	n	Autoren
Primärtumoren	0,136[a]	0,059–0,223	SPECT	9	(17)
	0,757	0,279–1,319	dynam. CT	18	(20)
	0,806	0,317–2,398	dynam. CT	41	(21)
Lymphknoten-metastasen	0,15	0,040–0,25	Wärme-Clearance	10	(18)
	0,24		Wärme-Clearance	50	(19)

[a]arteriovenöse Kurzschlussdurchblutung 23 ± 13%

Flussraten in Stoffwechsel-inaktiven Geweben und Werten, wie sie nur bei hohen Stoffwechselaktivitäten gefunden werden (0,06–2,40 ml $\cdot$ g^{-1} $\cdot$ min^{-1}) (Abb. 1).

b) Die durchschnittliche Perfusionsrate bei Kopf-Hals-Tumoren unterscheidet sich nicht wesentlich von der anderer solider Malignome.

c) Die Durchblutungswerte an verschiedenen Messorten sind innerhalb einzelner Tumoren heterogen verteilt. Jedoch scheint die intertumorale Variabilität ausgeprägter zu sein als die intratumorale Heterogenität (21).

d) Es gibt keinen eindeutigen Zusammenhang zwischen klinischer Tumorgröße und Durchblutung (21).

e) Ob sich die Perfusionsraten von primären Kopf-Hals-Tumoren und deren Metastasen unterscheiden, kann derzeit nicht entschieden werden.

Hydrostatischer Druck und Konvektion im interstitiellen Raum

Im wachsenden Tumor bilden sich neue, häufig abnorm durchlässige Mikrogefäße, jedoch kein eigenes funktionierendes Lymphsystem. In der Folge und aufgrund einer hohen hydraulischen Leitfähigkeit in soliden Tumoren lässt sich im interstitiellen Raum eine signifikante Konvektion freier Flüssigkeit nachweisen. Während im normalen Gewebe konvektive Ströme im interstitiellen Raum auf 0,5–1% des Plasmaflusses geschätzt werden, kann die Flussrate im Interstitium xenotransplantierter menschlicher Karzinome 15% des entsprechenden Plasmaflusses erreichen (4). Die aus den hochpermeablen Tumormikrogefäßen abfiltrierte Plasmaflüssigkeit weitet den interstitiellen Raum des Tumors und erzeugt einen hohen interstitiellen Druck (22). Im normalen Gewebe liegt der interstitielle (hydrostatische) Druck geringfügig unter dem atmosphärischen Druck, in Plattenepithelkarzinomen der Kopf-Hals-Region und anderen Malignomen hingegen entwickelt sich eine interstitielle Hypertonie mit mittleren Werten von ca. 15 mmHg (22). Mit zunehmenden Tumorvolu-

Abbildung 1

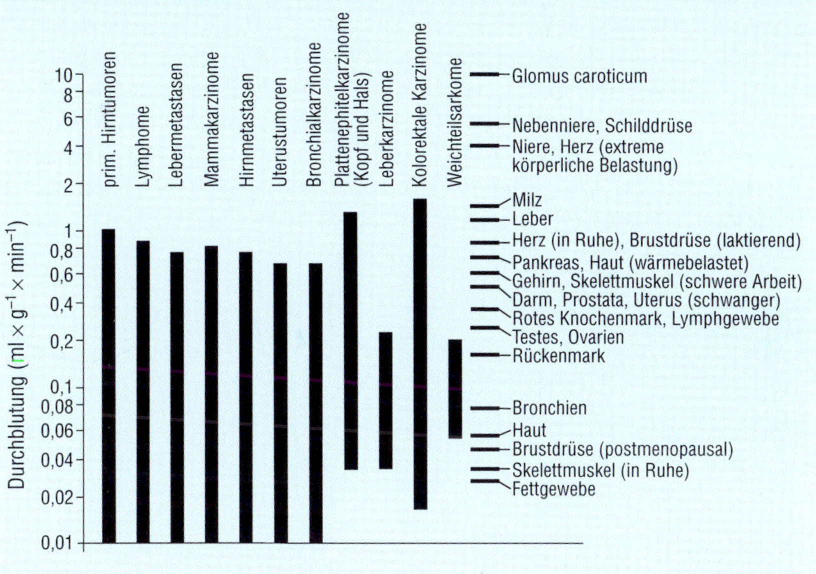

Variabilität der Durchblutung in soliden Tumoren (schwarze Balken) und mittlere Flusswerte in Normalgeweben bzw. Organen (horizontale Linien); aktualisierte Daten aus (4).

mina (0,7–27 ml) stieg in den untersuchten Plattenepithelkarzinomen der interstitielle Druck signifikant an (4–33 mmHg). Diese erhöhten interstitiellen Druckwerte, die am äußersten Rand des Tumors steil abfallen, können dazu führen, dass therapeutische Substanzen, insbesondere hochmolekulare Stoffe, aus dem Tumor in das umgebende Gewebe »ausgewaschen« werden, d.h. an der Grenze zwischen Tumor- und normalem Gewebe wird Flüssigkeit aus den Hoch- in die Niederdruckbereiche gepresst.

Oxygenierungsstatus von Primärtumoren der Kopf-Hals-Region

Viele Plattenepithelkarzinome zeigen hypoxische Gewebebereiche, die innerhalb der Tumormasse heterogen verteilt sind. Mittlere und mediane O_2-Partialdrücke (pO_2), die bei verschiedenen klinischen Stadien, Tumorgrößen und Differenzierungsgraden gemessen wurden, sind im Schnitt deutlich niedriger als im normalen Gewebe (vgl. Tab. II und III; Abb. 2). Die ersten systematischen Untersuchungen zum Oxygenierungsstatus von Primärtumoren der Mundhöhle wurden 1981 von *Müller-Klieser* et al. (44) an Kryobiopsien durchgeführt. Mit Hilfe einer kryospektrofotometrischen Mikromethode wurde hierbei die Hämoglobin-Sauerstoffsättigung einzelner Erythrozyten in Mikrogefäßen der Tumoren erfasst. Die Daten zeigten eindeutig, dass a) große Heterogenitäten innerhalb eines Tumors zu erwarten sind, b) erhebliche intertumorale Unterschiede der Oxygenierung der Tumoren vorliegen und c) der Oxygenierungsstatus von der Gefäßdichte beeinflusst wird. Während in der normalen Schleimhaut der Mundhöhle praktisch keine Hypoxie-Areale nachzuweisen waren, betrug der mittlere Anteil von hypoxischen Messwerten (pO_2 < 2,5 mmHg) etwa 12%. Der aus den HbO_2-Sättigungswerten errechnete mediane pO_2-Wert lag bei ca. 15 mmHg, derjenige der normalen Mundschleimhaut bei etwa 50 mmHg (45, 46).

Tabelle II. Mediane und mittlere O_2-Partialdrücke (pO_2) sowie relativer Anteil der »hypoxischen« pO_2-Werte (pO_2 < 2,5 mmHg) in Primärtumoren der Kopf-Hals-Region (n = Zahl der untersuchten Tumoren).

Stadien	Medianer pO_2, mmHg	Mittlerer pO_2, mmHg	pO_2 < 2,5 mmHg, %	n	Autoren
	5			24	(43)
	7			9	(42)
T3, T4	10[a] (32[b])	12[a] (32[b])		6	(23)
T1–T4	12			64	(40)
T4	13		9	6	(38)
	14			16	(39)
T1–T4	15 (0–59)		18	23	(27)
T2–T4	16		24	26	(24)
	23			14	(41)
		7		3	(26)
		26[c]		16	(25)

[a]Tumorzentrum, [b]Tumorperipherie, [c]Enfluran-Narkose

Tabelle III. Mediane und mittlere O_2-Partialdrücke (pO_2) sowie relativer Anteil der »hypoxischen« pO_2-Werte (pO_2 < 2,5 mmHg) in Normalgeweben (n = Anzahl der Untersuchungen).

Medianer pO_2, mmHg	Mittlerer pO_2, mmHg	pO_2 < 2,5 mmHg, %	n	Autoren
38[b]		0,3	31	(29)
38[b]		2,5	14	(38)
38[a]			66	(40)
43	44		20	(36)
44[a] (21–68)			30	(27)
46[a]			16	(39)
52	54		35	(37)
56[b]	60[b]		20	(35)
57[b]			7	(41)
	49	0,3	16	(25)

[a]Musc. sternocleidomastoideus, [b]Subkutis

Abbildung 2

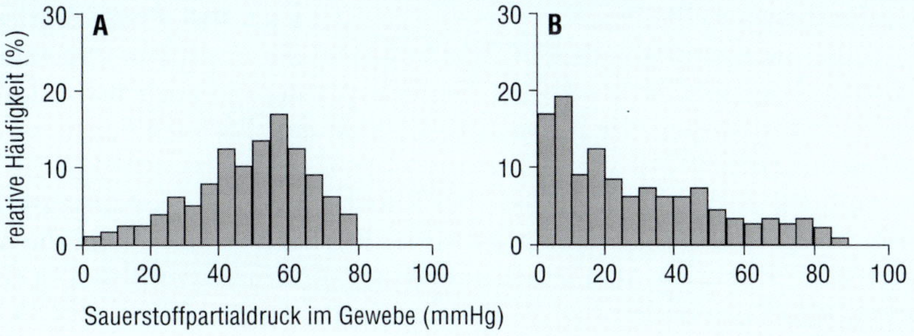

Häufigkeitsverteilungen von O_2-Druckwerten (pO_2-Histogramme) in der normalen Mundschleimhaut (A) und in Plattenepithelkarzinomen der Mundhöhle (B). Die pO_2-Werte wurden anhand von HbO_2-Sättigungswerten errechnet; modifiziert nach (44).

Die ersten Messungen des Oxygenierungsstatus von primären Kopf-Hals-Tumoren mit polarografischen O_2-Sensoren (Diamond) wurden 1985 von *Gatenby* et al. (26) beschrieben. Der an drei Tumoren gemessene mittlere pO_2-Wert in diesen Untersuchungen war 7 mmHg, wobei etwas höhere pO_2-Werte in der Tumorperipherie als im Tumorzentrum nachgewiesen wurden.
Ergebnisse von direkten Messungen der O_2-Partialdrücke in Primärtumoren (meist Plattenepithelkarzinomen) der Kopf-Hals-Region der Stadien T1–T4 zeigen eine große Variabilität. Die mit der Eppendorf-pO_2-Histografie ermittelten medianen pO_2-Werte schwanken zwischen 5 und 23 mmHg und der Anteil der Messwerte < 2,5 mmHg zwischen 9% und 24% (Tab. II). Sie bestätigen demnach im Wesentlichen die bereits 1981 von uns publizierten Ergebnisse (44).
Der Vergleich der pO_2-Daten von Primärtumoren unterschiedlicher Größe ergab keine eindeutige Korrelation zwischen medianem pO_2 und Tumorvolumen (z.B. 24, 40). Ebenso hatten das T-Stadium (43), der Differenzierungsgrad (37, 40) und das N-Stadium (40, 42, 43) keinen signifikanten Einfluss auf den Oxygenierungsstatus der Primärtumoren. Der Einfluss der Lokalisation des O_2-Sensors innerhalb eines Tumors (Zentrum vs. Peripherie) wird kontrovers diskutiert. Während *Fleckenstein* et al. (23) eine eindeutige Abhängigkeit beschrieben, fanden *Lartigau* et al. (38) sowie *Brizel* (48) keinen Einfluss der Messposition der O_2-Elektrode. Dies bedeutet, dass keine charakteristische topologische Verteilung der O_2-Partialdrücke in Kopf- und Hals-Tumoren zu erwarten ist. Eine höhere O_2-Transportkapazität des Blutes bzw. normale Hämoglobinkonzentration geht im Vergleich zu anämischen Patienten in der Regel mit einem besseren Oxygenierungsstatus einher (24, 27, 40, 41, 43). Daten von *Nordsmark* und *Overgaard* (47) konnten diesen Zusammenhang jedoch nicht bestätigen.

Diese Charakteristika findet man wahrscheinlich nicht nur bei Primärtumoren der Kopf-Hals-Region, sondern sie sind vermutlich auch auf andere Tumortypen übertragbar. Das Gleiche gilt auch für die ausgeprägte intertumorale Heterogenität (28–31). Aufgrund dieser großen intertumoralen Heterogenität lässt sich die Tumoroxygenierung auch nicht durch Berücksichtigung von klinischer Größe, Stadium, Differenzierungsgrad und histologischem Typ vorhersagen.
Weiterhin ist erwähnenswert, dass bei Rauchern der Oxygenierungsgrad etwas schlechter ist als bei Nichtrauchern (40), was vermutlich auf die höhere HbCO-Konzentration im Blut von Rauchern zurückzuführen ist (bei starken Rauchern finden sich bis zu 15% Carboxyhämoglobin, HbCO im Blut; Deutsche Forschungsgemeinschaft, Mitteilung VIII der Senatskommission für klinisch-toxikologische Analytik, 1988).

Oxygenierungsstatus von Lymphknotenmetastasen von Kopf-Hals-Tumoren

Neuere Befunde weisen eindeutig darauf hin, dass Lymphknotenmetastasen und zugehörige Primärtumoren einen vergleichbaren Oxygenierungsstatus aufweisen (27, 39, 40). Eine frühere Vermutung, dass die Oxygenierung von Lymphknotenmetastasen schlechter sei als die von Primärtumoren, hat sich demnach nicht bestätigt (6).

Tabelle IV. Mediane und mittlere O_2-Partialdrücke (pO_2) sowie relativer Anteil der »hypoxischen« pO_2-Werte ($pO_2 < 2{,}5$ mmHg) in Lymphknotenmetastasen von Kopf-Hals-Tumoren (n = Anzahl der untersuchten Metastasen).

Medianer pO_2, mmHg	Mittlerer pO_2, mmHg	$pO_2 < 2{,}5$ mmHg, %	n	Autoren
4			39	(43)
9	21		15	(36)
10	21		35	(37)
13			69	(40)
13			19	(42)
14		16	22	(27)
15		15	34	(28)
15			16	(39)
16	20		20	(35)
16			33	(24)
	18		8	(33)
19		24	21	(32)
20	22	19	14	(31)
20		16	8	(38)
22	14		6	(34)
24		4	5	(30)
27			11	(41)

Wie bei den Primärtumoren ist auch die Oxygenierung der Metastasen ausgesprochen heterogen und ebenfalls deutlich schlechter als im Normalgewebe. Die mit der Eppendorf-pO_2-Histografie ermittelten medianen pO_2-Werte schwanken zwischen 4 und 27 mmHg und der Anteil der Messwerte < 2,5 mmHg zwischen 4% und 24% (Tab. IV). Der Vergleich dieser Daten mit den Werten der Primärtumoren stützt die Hypothese, dass das pO_2-Verteilungsmuster in Primärtumoren sich nicht wesentlich von dem der Lymphknotenmetastasen unterscheidet.
Kontroverse Daten zum Einfluss unterschiedlicher N-Stadien auf den Oxygenierungsgrad von Lymphknotenmetastasen werden derzeit kritisch evaluiert und sind Gegenstand laufender Untersuchungen. Keine Abhängigkeiten fanden beispielsweise *Becker* et al. (40) sowie *Brizel* et al. (42), wohingegen *Terris* und *Dunphy* (41) und *Lartigau* et al. (36) einen Einfluss des N-Stadiums vermuten.
Die vorhandenen Daten zur prätherapeutischen Oxygenierung von Kopf-Hals-Tumoren (Primärtumoren, Lymphknotenmetastasen) lassen sich folgendermaßen zusammenfassen:

a) Die Tumoroxygenierung (ebenso wie die Tumordurchblutung und Mikrozirkulation) ist heterogen und im Vergleich zum normalen Gewebe schlechter.
b) Die Tumoroxygenierung wird nicht, wie bei normalem Gewebe, dem metabolischen Bedarf entsprechend geregelt.
c) Im Durchschnitt sind die medianen pO_2-Werte in Kopf-Hals-Tumoren deutlich niedriger als in der Subkutis oder im Skelettmuskel.
d) Viele Kopf-Hals-Tumoren enthalten hypoxische Bereiche.
e) Die intertumorale Variabilität der Oxygenierung ist größer als die intratumorale.
f) Die Tumoroxygenierung lässt sich nicht anhand von klinischer Größe, Stadium, Differenzierungsgrad, histologischem Typ oder N-Stadium vorhersagen.
g) Bei anämischen Patienten scheinen die Hypoxie-Areale in Kopf-Hals-Tumoren häufiger und größer zu sein.

Pathogenese der Tumorhypoxie

Durch Einsatz einer neuartigen computergesteuerten Polarografietechnik seit 1987 konnten wir zeigen, dass die Präsenz hypoxischer Gewebebereiche (d.h. Bereiche mit sehr niedrigen Sauerstoffdruckwerten) ein pathophysiologisches Charakteristikum solider Tumoren ist. Solche Areale wurden in vielen humanen Malignomen identifiziert (3, 49–59). Die hypoxischen und anoxischen Bereiche entstehen als Folge eines Ungleichgewichts zwischen Sauerstoffangebot und -verbrauch. Während in normalen Geweben oder Organen die O_2-Zufuhr dem metabolischen Bedarf ange-

passt ist, kann der O_2-Verbrauch in soliden Tumoren höher sein als die (unzureichende) O_2-Zufuhr und zur Ausbildung von Gewebearealen mit sehr niedrigen pO_2-Werten führen.
Wichtige pathogenetische Mechanismen für die Entstehung der Hypoxie in Kopf-Hals-Tumoren (wie auch bei anderen soliden Tumoren) sind a) strukturelle und funktionelle Anomalien in der tumoralen Mikrozirkulation (perfusionslimitiertes O_2-Angebot), b) eine Verschlechterung der Diffusionsgeometrie (diffusionslimitiertes O_2-Angebot) und/oder c) tumor- oder therapiebedingte Anämie bzw. eine gesteigerte Bildung von Carboxyhämoglobin (bei starken Rauchern), was zu einer verminderten O_2-Transportkapazität des Blutes führt (anämische Hypoxie).

Strategien zur Überwindung der Tumorhypoxie

Da der Oxygenierungsstatus vom Gleichgewicht zwischen dem O_2-Angebot (O_2-Verfügbarkeit) und dem O_2-Bedarf (O_2-Verbrauch) abhängt, könnte der O_2-Status des Tumorgewebes dadurch verbessert werden, indem die im Gewebe verfügbare O_2-Menge erhöht wird. Das O_2-Angebot ist das Produkt aus Perfusion und arteriellem O_2-Gehalt. Aus diesem Grund sollte es entweder durch Erhöhung des arteriellen O_2-Gehalts (z.B. durch Korrektur der tumorbedingten Anämie), durch Verbesserung der Durchblutung oder durch entsprechende Veränderung beider Parameter möglich sein, das O_2-Angebot zu steigern (60). Eine Verbesserung der O_2-Diffusion im Tumor-Interstitium ist in diesem Kontext weniger relevant.
Auch eine Senkung des O_2-Verbrauchs kann u.U. zu einer Verbesserung der Tumoroxygenierung führen (60). Allerdings bedarf es höchstwahrscheinlich erheblicher Einschränkungen der Atmungsaktivität ($> 50\%$), um einen in der klinischen Praxis messbaren Anstieg der tumoralen O_2-Drücke zu erreichen.

Klinische Relevanz der Tumorhypoxie

Traditionell gilt die Tumorhypoxie als therapeutisches Problem, da sie solide Tumoren gegen schwach ionisierende Strahlung, einige Chemotherapeutika (z.B. Cyclophosphamid, Carboplatin) und gegen die fotodynamische Therapie mit Hämatoporphyrinen resistent macht. Neuere experimentelle und klinische Studien legen den Schluss nahe, dass die Sauerstoffversorgungssituation möglicherweise eine Vielzahl von biologischen Parametern beeinflusst, die eine erhebliche Wirkung auf das maligne Potenzial eines Tumors haben können (56, 61–66).

Eine anhaltende Gewebehypoxie führt möglicherweise zu molekularen Veränderungen, welche die Malignität von Tumorzellen steigern können – ein Vorgang, der als maligne Progression bezeichnet wird (56, 65, 66). Im Rahmen dieser Tumorprogression entwickeln sich Zellvarianten mit einem erhöhten Potenzial für metastatische Ausbreitung (67, 68), invasives Wachstum (69, 70), okkulte Tumorausbreitung (61) und verminderte oder sogar fehlende Fähigkeit zur Apoptose (71–73). Die zunehmende Aggressivität der Tumorzellen, die sich als Reaktion auf eine Hypoxie entwickelt, ist durch eine Reihe von Mechanismen bedingt. Dazu gehören *inter alia* die unter Hypoxie gesteigerte Mutagenität und Genamplifikationen (74), die zu Genominstabilitäten führen (64, 75) und neue phänotypische Varianten erzeugen, die dem Selektionsdruck der nutritiven Deprivation ausgesetzt sind (z.B. 76). Unabhängig von der genotypischen Variation wird die Genexpression von Tumorzellen (ebenso wie bei Normalzellen) durch eine längerdauernde Hypoxie beeinflusst. Dabei spielt der Transkriptionsregulator HIF-1 eine zentrale Rolle. Zu den Hypoxie-induzierten, HIF-1-vermittelten Genprodukten zählen Glykolyse-Enzyme, Erythropoietin, Glukosetransporter (GLUT 1,3), angiogenetische Faktoren (z.B. VEGF), vasoaktive Proteine (z.B. Endothelin-1) und resistenzassoziierte Proteine (77).
Die Hypoxie-induzierte Resistenz gegenüber Chemotherapeutika wird höchstwahrscheinlich durch mehrere Mechanismen verursacht. Dazu gehören eine Hemmung der Zellproliferation, eine Verminderung der Zytotoxizität einiger Substanzen unter Hypoxie (78, 79) und eine Gewebeazidose, die bei Tumoren mit hoher Glykolyserate oft mit der Hypoxie vergesellschaftet ist. Weiterhin können durch hypoxischen Stress gebildete Proteine eine Resistenz gegen bestimmte Chemotherapeutika vermitteln (80). Experimentelle und klinische Befunde weisen darauf hin, dass Hypoxie in soliden Tumoren allein oder in Verbindung mit anderen pathologisch veränderten Parametern des Mikromilieus (z.B. Azidose, Glukose- und Energiedepletion) das Tumorwachstum erheblich beeinflussen und dadurch zu einem Circulus vitiosus führen kann.
Erkenntnisse über den Oxygenierungsstatus eines bestimmten Tumors geben somit Hinweise auf seine Aggressivität. Daneben erlauben diese Informationen aber auch, die physiologischen Barrieren für konventionelle Therapien zu verstehen und möglicherweise speziell auf den einzelnen Patienten zugeschnittene Behandlungsprotokolle zu entwickeln, um Therapieresistenzen zu überwinden. Eine angemessene Berücksichtigung der Tumoroxygenierung sollte deshalb zur klinischen Routine werden, um die gegenwärtig verfügbaren therapeutischen Strategien zu optimieren.

Tumorhypoxie als Prognoseparameter

Die im vorausgehenden Abschnitt aufgezeigten Effekte der Hypoxie auf die maligne Progression solider Tumoren und die O_2-abhängige Effizienz verschiedener Therapiemodalitäten veranlassten einige klinische Forschergruppen, die Rolle der Hypoxie als Prognoseparameter in klinischen Studien zu untersuchen. Die inzwischen publizierten Ergebnisse multivariater Analysen bestätigen den vermuteten hohen Stellenwert der Hypoxie als unabhängigen Parameter bei Plattenepithelkarzinomen der Kopf-Hals-Region und der Cervix uteri sowie bei Weichteilsarkomen (3).
Bei 34 Lymphknotenmetastasen von Plattenepithelkarzinomen der Kopf-Hals-Region wurde der Anteil der gemessenen pO_2-Werte < 2,5 mmHg als unabhängiger prognostischer Faktor für die lokoregionale Kontrolle nach Radiotherapie identifiziert (28, 47). Während anfänglich die Strahlenresistenz zur alleinigen Erklärung dieses Befundes herangezogen wurde, mehren sich jetzt die Hinweise dafür, dass die Hypoxie über die therapeutischen Effekte hinausgehend als »Aggressions-assoziierter« biologischer Parameter zu werten ist, da sie erhebliche Veränderungen des Genoms und Proteoms induzieren kann (Abb. 3).
Bei einer nachfolgenden Untersuchung von 63 Patienten mit Kopf-Hals-Tumoren durch *Brizel* et al. (42, 43, 48) zeigte sich erneut, dass ein medianer Tumor-pO_2-Wert < 10 mmHg eine signifikant schlechtere Prognose für die lokoregionale Kontrolle und für das Gesamtüberleben bedeutete. Die prognostische Relevanz der Tumorhypoxie für die lokoregionale Tumorkontrolle und für das Gesamtüberleben erklärt sehr wahrscheinlich auch, weshalb die Hämoglobinkonzentration des Blutes (81–85) und der Laktatgehalt des Tumorgewebes (86, 87) als weitere Parameter bei verschiedenen Tumorentitäten in multivariaten Tests als unabhängige prognostische Faktoren einzustufen sind.

Abbildung 3

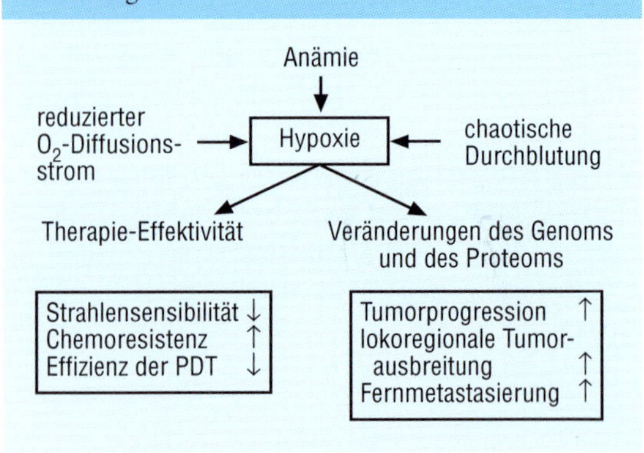

Ursachen und Folgen der Tumorhypoxie (vereinfachte Darstellung). PDT = fotodynamische Therapie.

Literatur

1 Vaupel P, Kallinowski F, Okunieff P (1989) Blood flow, oxygen and nutrient supply, and metabolic microenvironment of human tumors: A review. Cancer Res 49: 6449–6465
2 Molls M, Vaupel P (1998) Blood perfusion and microenvironment of human tumors. Implications for clinical radiooncology. Springer, Berlin Heidelberg New York
3 Vaupel P, Kelleher DK (1999) Tumor hypoxia. Pathophysiology, clinical significance and therapeutic perspectives. Wissenschaftliche Verlagsgesellschaft, Stuttgart
4 Vaupel PW (1994) Blood flow, oxygenation, tissue pH distribution and bioenergetic status of tumors. Ernst Schering Research Foundation, Lecture 23, Berlin
5 Vaupel P, Höckel M (2000) Durchblutung, Oxygenierungsstatus und metabolisches Mikromilieu des Mammakarzinoms. Charakterisierung und therapeutische Relevanz. In: Untch M et al (Hrsg) Diagnostik und Therapie des Mammakarzinoms, 2. Aufl. Zuckschwerdt, München Bern Wien New York, S 2–19
6 Vaupel P (1997) Blood flow and O_2-status of head and neck carcinomas. Adv Exp Med Biol 428: 89–95
7 Bernsen HJJA, Rijken PFJW, Oostendorp T, van der Kogel AJ (1995) Vascularity and perfusion of human gliomas xenografted in the athymic nude mouse. Br J Cancer 71: 721–726
8 Gasparini G, Weidner N, Bevilacqua P, Maluta S, Boracchi P, Testolin A, Pozza F, Folkman J (1993) Intratumoral microvessel density and p53 protein: correlation with metastasis in head-and-neck squamous-cell carcinoma. Int J Cancer 55: 739–744
9 Mikami Y, Tsukuda M, Mochimatsu I, Kokatsu T, Yago T, Sawaki S (1991) Angiogenesis in head and neck tumors. Nipp Ji Ink Gak Kai 96: 645–650
10 Albo D, Granick MS, Jhala N, Atkinson B, Solomon MP (1994) The relationship of angiogenesis to biological activity in human squamous cell carcinomas of the head and neck. Ann Plast Surg 32: 588–594
11 Williams JK, Carlson GW, Cohen C, Derose PB, Hunter S, Jurkiewicz MJ (1994) Tumor angiogenesis as a prognostic factor in oral cavity tumors. Am J Surg 168: 373–380
12 Petruzzelli GJ, Snyderman CH, Johnson JT, Myers EN (1993) Angiogenesis induced by head and neck squamous cell carcinoma xenografts in the chick embryo chorioallantoic membrane model. Ann Otol Rhinol Laryngol 102: 215–221
13 Shpitzer Th, Chaimoff M, Gal R, Stern Y, Feinmesser R, Segal K (1996) Tumor angiogenesis as a prognostic factor in early oral tongue cancer. Arch Otolaryngol Head Neck Surg 122: 865–868
14 Leedy DA, Trune DR, Kronz JD, Weidner N, Cohen JI (1994) Tumor angiogenesis, the p53 antigen, and cervical metastasis in squamous carcinoma. Otolaryngol Head Neck Surg 111: 417–422
15 Tahan SR, Stein AL (1995) Angiogenesis in invasive squamous cell carcinoma of the lip: tumor vascularity is not an indicator of metastatic risk. J Cutan Pathol 22: 236–240
16 Endrich B, Vaupel P (1998) The role of the microcirculation in the treatment of malignant tumors: Facts and fiction. In: Molls M, Vaupel P (eds) Medical radiology – Diagnostic imaging and radiation oncology. Blood perfusion and microenvironment of human tumors. Springer, Berlin Heidelberg New York, p 19–39
17 Wheeler RH, Ziessman HA, Medvec BR, Juni JE, Thrall JH, Keyes JW, Pitt SR, Baker SR (1986) Tumor blood flow and systemic shunting in patients receiving intraarterial chemotherapy for head and neck cancer. Cancer Res 46: 4200–4204
18 Waterman FM, Tupchong L, Nerlinger RE, Matthews J (1991) Blood flow in human tumors during local hyperthermia. Int J Radiat Oncol Biol Phys 20: 1255–1262
19 Wust P, Stahl H, Dieckmann Karin, Scheller S, Löffel J, Riess H, Bier J, Jahnke V, Felix R (1996) Local hyperthermia of N2/N3 cervical lymph node metastases: Correlation of technical/thermal parameters and response. Int J Radiat Oncol Biol Phys 34: 635–646

20 Hermans R, Lambin P, van den Bogaert W, Haustermans K, van der Goten A, Baert AL (1997) Non-invasive tumour perfusion measurement by dynamic CT: preliminary results. Radiother Oncol 44: 159–162
21 Hermans R, Lambin P, van der Goten A, van den Bogaert W, Verbist B, Welters C, Delaere PR (1999) Tumoural perfusion as measured by dynamic computed tomography in head and neck carcinoma. Radiother Oncol 53: 105–111
22 Gutmann R, Leunig M, Feyh J, Goetz AE, Messmer K, Kastenbauer E, Jain RK (1992) Interstitial hypertension in head and neck tumors in patients: Correlation with tumor size. Cancer Res 52: 1993–1995
23 Fleckenstein W, Jungblut JR, Suckfüll M, Hoppe W, Weiss Ch (1988) Sauerstoffdruckverteilungen in Zentrum und Peripherie maligner Kopf-Hals-Tumoren. Dt Z Mund Kiefer GesichtsChir 12: 205–211
24 Stadler P, Becker A, Feldmann HJ, Hänsgen G, Dunst J, Würschmidt F, Molls M (1999) Influence of the hypoxic subvolume on the survival of patients with head and neck cancer. Int J Radiat Oncol Biol Phys 44: 749–754
25 Saumweber DM, Kau RJ, Arnold W (1995) Tumor tissue oxygenation in primary squamous cell carcinomas of the head and neck – Preliminary results. In: Vaupel P, Kelleher DK, Günderoth M (eds) Tumor oxygenation. Fischer, Stuttgart Jena New York, p 313–318
26 Gatenby RA, Coia LR, Richter MP, Katz H, Moldofsky PJ, Engstrom P, Brown DQ, Brookland R, Broder GJ (1985) Oxygen tension in human tumors: In vivo mapping using CT-guided probes. Radiology 156: 211–214
27 Becker A, Hänsgen G, Bloching M, Weigel C, Lautenschläger C, Dunst J (1998) Oxygenation of squamous cell carcinoma of the head and neck: Comparison of primary tumors, neck node metastases, and normal tissue. Int J Radiat Oncol Biol Phys 42: 35–41
28 Nordsmark M, Overgaard M, Overgaard J (1996) Pretreatment oxygenation predicts radiation response in advanced squamous cell carcinoma of the head and neck. Radiother Oncol 41: 31–39
29 Nordsmark M, Bentzen SM, Overgaard J (1994) Measurement of human tumour oxygenation status by a polarographic needle electrode. Acta Oncol 33: 383–389
30 Lyng H, Sundfor K, Tanum G, Rofstad EK (1997) Oxygen tension in primary tumours of the uterine cervix and lymph node metastases of the head and neck. Adv Exp Med Biol 428: 55–60
31 Strnad V, Keilholz L, Kirschner M, Meyer M, Sauer R (1997) Sauerstoffdruckverteilung in Lymphknotenmetastasen und die Veränderungen während akuter respiratorischer Hypoxie. Strahlenther Onkol 173: 267–271
32 Stadler P, Feldmann HJ, Creighton C, Kau R, Molls M (1998) Changes in tumor oxygenation during combined treatment with split-course radiotherapy and chemotherapy in patients with head and neck cancer. Radiother Oncol 48: 157–164
33 Füller J, Feldmann HJ, Molls M, Sack H (1994) Untersuchungen zum Sauerstoffpartialdruck im Tumorgewebe unter Radio- und Thermoradiotherapie. Strahlenther Onkol 170: 453–460
34 Eble MJ, Lohr F, Wannenmacher M (1995) Oxygen tension distribution in head and neck carcinomas after peroral oxygen therapy. Onkologie 18: 136–140
35 Martin L, Lartigau E, Weeger P, Lambin P, Le Ridant AM, Lusinchi A, Wibault P, Eschwege F, Luboinski B, Guichard M (1993) Changes in the oxygenation of head and neck tumors during carbogen breathing. Radiother Oncol 27: 123–130
36 Lartigau E, Le Ridant A-M, Lambin P, Weeger P, Martin L, Sigal R, Lusinchi A, Luboinski B, Eschwege F, Guichard M (1993) Oxygenation of head and neck tumors. Cancer 71: 2319–2325
37 Lartigau E, Randrianarivelo H, Martin L, Stern S, Thomas CD, Guichard M, Weeger P, Le Ridant A-M, Luboinski B, Nguyen T, Ortoli J-C, Grange F, Avril M-F, Lusinchi A, Wibault P, Haie-Meder C, Gerbaulet A, Eschwege F (1994) Oxygen tension measure-

ments in human tumors: The Institute Gustave-Roussy Experience. Radiat Oncol Invest 1: 285–291
38 Lartigau E, Lusinchi A, Weeger P, Wibault P, Luboinski B, Eschwege F, Guichard M (1998) Variations in tumour oxygen tension (pO_2) during accelerated radiotherapy of head and neck carcinoma. Eur J Cancer 34: 856–861
39 Becker A, Hänsgen G, Richter C, Dunst J (1998) Oxygenierungsstatus von Plattenepithelkarzinomen der Kopf-Hals-Region. Strahlenther Onkol 174: 484–486
40 Becker A, Stadler P, Lavey RS, Hänsgen G, Kuhnt T, Lautenschläger C, Feldmann HJ, Molls M, Dunst J (2000) Severe anemia is associated with poor tumor oxygenation in head and neck squamous cell carcinomas. Int J Radiat Oncol Biol Phys 46: 459–466
41 Terris DJ, Dunphy EP (1994) Oxygen tension measurements of head and neck cancers. Arch Otolaryngol Head Neck Surg 120: 283–287
42 Brizel DM, Sibley GS, Prosnitz LR, Scher RL, Dewhirst MW (1997) Tumor hypoxia adversely affects the prognosis of carcinoma of the head and neck. Int J Radiat Oncol Biol Phys 38: 285–289
43 Brizel DM, Dodge RK, Clough RW, Dewhirst MW (1999) Oxygenation of head and neck cancer: Changes during radiotherapy and impact on treatment outcome. Radiother Oncol 53: 113–117
44 Mueller-Klieser W, Vaupel P, Manz R, Schmidseder R (1981) Intracapillary oxyhemoglobin saturation of malignant tumors in humans. Int J Radiat Oncol Biol Phys 7: 1397–1404
45 Vaupel P, Thews O, Hoeckel M (1996) Tumor oxygenation: Characterization and clinical implications. In: Smyth JF, Boogaerts MA, Ehmer BR-M (eds) Marcel Dekker, New York Basel, p 205–239
46 Vaupel P, Höckel M (1998) Oxygenation of human tumors. In: Molls M, Vaupel P (eds) Medical radiology – Diagnostic imaging and radiation oncology. Blood perfusion and microenvironment of human tumors. Springer, Berlin Heidelberg New York, p 63–72
47 Nordsmark M, Overgaard J (1999) Oxygenation of human tumors: The Aarhus Experience. In: Vaupel P, Kelleher DK (eds) Tumor hypoxia. Pathophysiology, clinical significance and therapeutic perspectives. Wissenschaftliche Verlagsgesellschaft, Stuttgart, p 19–27
48 Brizel DM (1999) Human tumor oxygenation: The Duke University Medical Center Experience. In: Vaupel P, Kelleher DK (eds) Tumor hypoxia. Pathophysiology, clinical significance and therapeutic perspectives. Wissenschaftliche Verlagsgesellschaft, Stuttgart, p 29–38
49 Vaupel P, Schlenger K, Knoop C, Hoeckel M (1991) Oxygenation of human tumors: Evaluation of tissue oxygen distribution in breast cancers by computerized O_2 tension measurements. Cancer Res 51: 3316–3322
50 Vaupel P, Hoeckel M (1999) Oxygenation status of breast cancer: The Mainz Experience. In: Vaupel P, Kelleher DK (eds) Tumor hypoxia. Pathophysiology, clinical significance and therapeutic perspectives. Wissenschaftliche Verlagsgesellschaft, Stuttgart, p 1–11
51 Vaupel P, Schlenger K-H, Hoeckel M (1992) Blood flow and tissue oxygenation of human tumors: An update. Adv Exp Med Biol 317: 139–151
52 Vaupel P, Thews O, Kelleher DK, Hoeckel M (1998) Oxygenation of human tumors: The Mainz Experience. Strahlenther Onkol 174 (suppl IV): 6–12
53 Kallinowski F, Zander R, Hoeckel M, Vaupel P (1990) Tumor tissue oxygenation as evaluated by computerized pO_2-histography. Int J Radiat Oncol Biol Phys 19: 953–962
54 Hoeckel M, Schlenger K, Knoop C, Vaupel P (1991) Oxygenation of carcinomas of the uterine cervix: Evaluation of computerized O_2 tension measurements. Cancer Res 51: 6098–6102
55 Hoeckel M, Knoop C, Schlenger K, Vorndran B, Baussmann E, Mitze M, Knapstein PG, Vaupel P (1993) Intratumoral pO_2 predicts survival in advanced cancer of the uterine cervix. Radiother Oncol 26: 45–50

56 Hoeckel M, Schlenger K, Aral B, Mitze M, Schäffer U, Vaupel P (1996) Association between tumor hypoxia and malignant progression in advanced cancer of the uterine cervix. Cancer Res 56: 4509–4515

57 Hoeckel M, Schlenger K, Mitze M, Schäffer U, Vaupel P (1996) Hypoxia and radiation response in human tumors. Semin Radiat Oncol 6: 3–9

58 Hoeckel M, Schlenger K, Hoeckel S, Aral B, Schaeffer U, Vaupel P (1998) Tumor hypoxia in pelvic recurrences of cervical cancer. Int J Cancer 79: 365–369

59 Vaupel P, Thews O, Kelleher DK, Hoeckel M (1998) Current status of knowledge and critical issues in tumor oxygenation: Results from 25 years research in tumor pathophysiology. Adv Exp Med Biol 454: 591–602

60 Vaupel P, Kelleher DK, Thews O (1998) Modulation of tumor oxygenation. Int J Radiat Oncol Biol Phys 42: 843–848

61 Hoeckel M, Schlenger K, Hoeckel S, Vaupel P (1999) Association between tumor hypoxia and malignant progression: The clinical evidence in cancer of the uterine cervix. In: Vaupel P, Kelleher DK (eds) Tumor hypoxia. Pathophysiology, clinical significance and therapeutic perspectives. Wissenschaftliche Verlagsgesellschaft, Stuttgart, p 65–74

62 Stratford IJ, Patterson AV, Dachs GU, Telfer B, Williams KJ (1999) Hypoxia-mediated gene expression. In: Vaupel P, Kelleher DK (eds) Tumor hypoxia. Pathophysiology, clinical significance and therapeutic perspectives. Wissenschaftliche Verlagsgesellschaft, Stuttgart, p 107–113

63 Giaccia AJ, Koumenis C, Denko N (1999) The influence of tumor hypoxia on malignant progression. In: Vaupel P, Kelleher DK (eds) Tumor hypoxia. Pathophysiology, clinical significance and therapeutic perspectives. Wissenschaftliche Verlagsgesellschaft, Stuttgart, p 115–124

64 Hill RP (1990) Tumor progression: Potential role of unstable genomic changes. Cancer Metast Rev 9: 137–147

65 Sutherland RM (1998) Tumor hypoxia and gene expression. Implications for malignant progression and therapy. Acta Oncol 37: 567–574

66 Sutherland RM, Ausserer WA, Murphy BJ, Laderoute KR (1996) Tumor hypoxia and heterogeneity: Challenges and opportunities for the future. Semin Radiat Oncol 6: 59–70

67 Young SD, Marshall RS, Hill RP (1988) Hypoxia induces DNA overreplication and enhances metastatic potential of murine tumour cells. Proc Natl Acad Sci USA 85: 9533–9537

68 Jang A, Hill RP (1997) An examination of the effects of hypoxia, acidosis, and glucose starvation on the expression of metastasis-associated genes in murine tumor cells. Clin Exp Metast 15: 469–483

69 Cuvier C, Jang A, Hill RP (1997) Exposure to hypoxia, glucose starvation and acidosis: Effect on invasive capacity of murine tumor cells and correlation with cathepsin (L+B) secretion. Clin Exp Metast 15: 19–25

70 Graham CH, Forsdike J, Fitzgerald CJ, MacDonald-Goodfellow S (1999) Hypoxia-mediated stimulation of carcinoma cell invasiveness via upregulation of urokinase receptor expression. Int J Cancer 80: 617–623

71 Hoeckel M, Schlenger K, Hoeckel S, Vaupel P (1999) Hypoxic cervical cancers with low apoptotic index are highly aggressive. Cancer Res 59: 4525–4528

72 Graeber TG, Osmanian C, Jacks T, Housman DE, Koch CJ, Lowe SW, Giaccia AJ (1996) Hypoxia-mediated selection of cells with diminished apoptotic potential in solid tumours. Nature 379: 88–91

73 Kim CY, Tsai MH, Osmanian C, Graeber TG, Lee JE, Giffard RG, DiPaolo JA, Peehl DM, Giaccia AJ (1997) Selection of human cervical epithelial cells that possess reduced apoptotic potential to low-oxygen conditions. Cancer Res 57: 4200–4204

74 Rice GC, Hoy C, Schimke RT (1986) Transient hypoxia enhances the frequency of dihydrofolate reductase gene amplification in Chinese hamster ovary cells. Proc Natl Acad Sci USA 83: 5978–5982

75 Reynolds TY, Rockwell S, Glazer PM (1996) Genetic instability induced by the tumor microenvironment. Cancer Res 56: 5754–5757
76 Giaccia AJ (1996) Hypoxic stress proteins: Survival of the fittest. Semin Radiat Oncol 6: 46–58
77 Semenza GL (2000) HIF-1: Mediator of physiological and pathophysiological responses to hypoxia. J Appl Physiol 88: 1474–1480
78 Teicher BA, Holden SA, Al-Achi A, Herman TS (1990) Classification of antineoplastic treatments by their differential toxicity toward putative oxygenated and hypoxic tumor subpopulations in vivo in the FSaIIC murine fibrosarcoma. Cancer Res 50: 3339–3344
79 Durand RE (1994) The influence of microenvironmental factors during cancer therapy. In Vivo 8: 691–702
80 Sakata K, Kwok TT, Murphy BJ, Laderoute KR, Gordon GR, Sutherland RM (1991) Hypoxia-induced drug resistance: Comparison to P-glycoprotein-associated drug resistance. Br J Cancer 64: 809–814
81 Fein DA, Lee WR, Hanlon AL, Ridge JA, Langer JF, Curran WJ, Coia LR (1995) Pretreatment hemoglobin level influences local control and survival of T1–T2 squamous cell carcinomas of the glottic larynx. J Clin Oncol 13: 2077–2083
82 Rudat V, Dietz A, Schramm O, Conradt C, Maier H, Flentje M, Wannenmacher M (1999) Prognostic impact of total tumor volume and hemoglobin concentration on the outcome of patients with advanced head and neck cancer after concomitant boost radiochemotherapy. Radiother Oncol 53: 119–125
83 Henke M, Momm F, Guttenberger R (1999) Erythropoietin for patients undergoing radiotherapy: The Freiburg Experience. In: Vaupel P, Kelleher DK (eds) Tumor hypoxia. Pathophysiology, clinical significance and therapeutic perspectives. Wissenschaftliche Verlagsgesellschaft, Stuttgart, p 91–97
84 Frommhold H, Guttenberger R, Henke M (1998) The impact of blood hemoglobin content on the outcome of radiotherapy. The Freiburg Experience. Strahlenther Onkol 174 (suppl 4): 31–34
85 Guttenberger R, Lutterbach J, Roth A, Roeser S, Schindler S, Henke M, Frommhold H (1997) Hemoglobin levels predict local regional control after postoperative radiotherapy for advanced head and neck cancer. Eur J Cancer (suppl) 33: 102–103
86 Walenta S, Salameh A, Lyng H, Evensen JF, Mitze M, Rofstad EK, Mueller-Klieser W (1997) Correlation of high lactate levels in head and neck tumors with incidence of metastasis. Am J Pathol 150: 409–415
87 Mueller-Klieser W, Schroeder T, Walenta S, Brizel D, Dewhirst M (2000) Correlation between tumor lactate levels and tumor regrowth in primary head and neck cancer after radio-/chemotherapy. 47th Ann Meeting Radiat Res Soc, Albuquerque, NM, abstr P201

Addendum:
Nach Drucklegung sind zur o.a. Thematik noch folgende relevante Publikationen erschienen:

Aebersold DM et al (2000) Int J Radiat Oncol Biol Phys 48: 17–25
Adam MF et al (1999) Head Neck 21: 146–153
Lyng H et al (1999) Acta Oncol 38: 1037–1042

Rezidivdiagnostik bei Kopf-Hals-Tumoren

Th. J. Vogl
Institut für Diagnostische und Interventionelle Radiologie,
J. W. Goethe-Universität Frankfurt

Einleitung

Mit Einführung moderner Schnittbildverfahren wie der Computertomografie (CT) und Magnetresonanztomografie (MRT) konnte die prätherapeutische Diagnostik maligner Kopf-Hals-Tumoren über die konventionelle Röntgendiagnostik hinaus entscheidend verbessert werden. Durch differenzierte Kontrastmitteldiagnostik und hochauflösende Techniken haben die Schnittbildverfahren damit eine entscheidende Wertigkeit, in Ergänzung zur klinischen Untersuchung, erzielen können. Im Rahmen der immer komplexer werdenden therapeutischen Strategien sind daher die Anforderungen an die Therapieverlaufskontrolle wie auch die Rezidivdiagnostik gewachsen. Im Rahmen der bildgebenden Diagnostik muss dabei das Auftreten von Frührezidiven gegenüber Spätrezidiven differenziert werden, wobei die letztere Entität ein 5-jähriges tumorfreies Intervall voraussetzt. Das Tumorrezidiv beinhaltet dabei pathologisch die Gruppe gutartiger wie bösartiger Tumoren. Differenzialdiagnostisch müssen Tumorrezidive stets von sekundären Primärtumoren differenziert werden, die insbesondere in der Mundhöhle und Ösophagus auftreten können. Die Problematik der Rezidivdiagnostik in der Kopf-Hals-Region liegt in der Differenzierung von Rezidivtumorgewebe gegenüber hypervaskularisierten Narbenstrukturen, reaktiven entzündlichen Reaktionen und therapeutisch induzierten Veränderungen. In Abhängigkeit von der jeweils topografischen Fragestellung sowie der zugrunde liegenden therapeutischen Strategie sollen im Folgenden die wesentlichen Grundlagen und Ergebnisse der Rezidivdiagnostik maligner Kopf-Hals-Tumoren vorgestellt werden. Dabei sollen spezifische Untersuchungsprotokolle vorgestellt sowie deren Wertigkeit diskutiert werden.

Untersuchungstechniken

Konventionelle Röntgendiagnostik

Die konventionellen Röntgenverfahren haben im Laufe der letzten Jahre entscheidend an diagnostischer Wertigkeit eingebüßt. Die konventionellen Röntgenuntersuchungen des Schädels und der Nasennebenhöhlen werden im Wesentlichen im Rahmen der Diagnostik entzündlicher Begleiterkrankungen sowie Komplikationen eingesetzt. Lediglich die dynamische Information der Breischluckuntersuchung hat weiterhin ihre Bedeutung erhalten, insbesondere für funktionelle Untersuchungen des Schluckaktes. Optimal werden diese Untersuchungen dabei in kinematografischer Technik durchgeführt, und erlauben dann eine dezidierte Beurteilung normaler wie auch pathologischer Veränderungen des Schluckaktes.

Sonografie

Während in der Region des Gesichtsschädels und Nasopharynx die Ultraschalluntersuchungen nur von geringer diagnostischer Wertigkeit sind, stellen die Halsweichteile eine primäre Indikationsstellung zur sonografischen Untersuchung dar. Bei der prätherapeutischen Untersuchung werden dabei das Vorhandensein und die Lagebeziehung pathologischer Lymphknotenvergrößerungen erfasst. Im Rahmen der Therapiekontrolluntersuchungen werden Weichteilveränderungen wie auch therapeutisch induzierte Folgezustände diagnostiziert. Die farbkodierte Duplexsonografie ergänzt das diagnostische Spektrum und verbessert die Diagnostik hypervaskularisierter Raumforderungen. Für die Fragestellung der Rezidivdiagnostik zeigt die Sonografie nur eine eingeschränkte Wertigkeit. Insbesondere bei Rezidivmetastasen zervikaler Lymphknoten kann zwar die Größe erfasst werden, die sichere Differenzierung reaktiv veränderter Lymphknoten gegenüber tumorösen Infiltrationen ist jedoch deutlich erschwert.

Computertomografie – Spiral-CT – Multidetektor-Computertomografie

Die kontrastverstärkte Computertomografie stellt das etablierte Schnittbildverfahren zur Diagnostik und Differenzialdiagnostik von Kopf-Hals-Tumoren dar. Die hohe Wertigkeit liegt auf der raschen Untersuchungsstrategie, dem hohen Kontrast von Weichteil- und ossären Strukturen. Einhergehend mit der weiteren technischen Entwicklung hat die Einführung der Spiral-Computertomografie die diagnostischen Informationen wesentlich verbessert. Die jüngste Einführung der Multidetektor-CT mit der Subsekunden-Technologie hat die primäre Diagnostik wie auch die Rezidivdiagnostik weiter entscheidend verbessern können. Die zu wählende Untersuchungsstrategie ist dabei abhängig von der klinischen Fragestellung und der Untersuchungsregion. In der Regel erfordert die primäre wie auch die Rezidivdiagnostik die konzentrierte Untersuchung der kompletten Region von Gesichtsschädel über die Halsweichteile bis in die oberen Regionen des Mediastinums. Die intravenöse Kontrastmittelapplikation sollte mit Bolus-Tracking erfolgen. Die Mindestmenge des Kontrastmittels liegt dabei bei 120 ml. Mittels der Multidetektor-Computertomografie besteht neuerdings die Möglichkeit hochauflösender Rekonstruktionen in sagittaler wie auch in koronarer Schichtorientierung. Die 3D-computertomografische Angiografie ermöglicht weiterhin die Erfassung der Verläufe der arteriellen wie venösen vaskulären Leitstrukturen. Insbesondere bei Rezidivfragestellungen sollte die Ausspielung jeweils im Weichteil- wie auch im Knochenfenster erfolgen, um therapeutisch induzierte ossäre Veränderungen gegenüber Tumorarrosionen und Sekundärveränderungen differenzieren zu können.

Magnetresonanztomografie (MRT), MR-Angiografie, MR-Spektroskopie, MR-Thermometrie

Die magnetresonanztomografischen Techniken konnten durch Einführung der nicht-invasiven MR-Angiografie, der MR-Thermometrie im Falle von MR-gesteuerten Interventionen wie auch der MR-Spektroskopie und der Stoffwechselanalyse wesentlich verbessert werden. Das standardisierte Untersuchungsprotokoll beruht heute auf dem Einsatz so genannter T1- und T2-gewichteter Sequenzprotokolle. Die T2-gewichteten Sequenzen beruhen dabei auf dem Einsatz konventioneller T2-gewichteter Spinechosequenzen wie auch schneller Turbospinechosequenzen. Die T1-gewichteten Sequenzen vor Applikation von Kontrastmittel beruhen auf dem Einsatz von Spinechosequenzen wie auch zusätzlich T1-gewichteter Gradientenechosequenzen. Der zusätzliche Einsatz fettunterdrückter Sequenzen optimiert die diagnostischen Informationen zur Gewebecharakterisierung. Post-Kontrast erlaubt die Fettunterdrückung eine verbesserte Visualisierung der kontrastmittelaufnehmenden Leitstrukturen sowie von pathologischen Raumforderungen.
Der Einsatz der MR-Angiografie beruht nativ auf dem Einsatz von Time-of-light-Sequenzen wie auch phasenkontrastangiografischer Untersuchungsprotokolle. Die modernen Techniken der 3-dimensionalen Gradientenechosequenzen, kontrastmittelverstärkt, erlauben die schnelle Akquisition 3-dimensionaler Datensätze mit exzellenter Visualisierung der arteriellen wie venösen Gefäßterritorien wie auch pathologischer Raumforderungen.

Der Einsatz der In-vivo-Spektroskopie beruht im Wesentlichen auf der Verwendung der 31-Phosphor-Spektroskopie. Diese hat eine Wertigkeit zur Charakterisierung pathologischer Phosphormetaboliten und Konzentrationen. Insbesondere zur Fragestellung Rezidiv erlaubt die nichtinvasive 31-Phosphor-Spektroskopie eine Ergänzung der diagnostischen Informationen über die Magnetresonanztomografie hinaus.
Mittels Einsatz der MR-Thermometrie hat die interventionelle MRT eine entscheidende Erweiterung erfahren können. Auf der Basis T1-gewichteter temperatursensitiver Spinecho- wie Gradientenechosequenzen gelingt es so, die Wärmeausbreitung exakt zu dokumentieren und zu quantifizieren. Dieses Verfahren kommt zum Einsatz als nicht-invasives Monitoring der Laserhyperthermie, Radiofrequenzablation wie auch der Kryotherapie.

Regionenspezifische Befunde und Ergebnisse

Nasopharynx

Die Region des Nasopharynx stellt die wesentliche Grenzzone zwischen der anterioren und mittleren Schädelbasis und dem parapharyngealen Raum dar. Das primäre Staging sowie die Rezidivdiagnostik, mit Erfassung von Morphologie und Topografie, bilden die primäre Aufgabenstellung der bildgebenden Diagnostik. Die klinische Symptomatik bei Rezidivfragestellungen des Nasopharynx beinhaltet Symptome wie das erneute Auftreten einer unilateralen Nasenobstruktion, Schmerzen in der Region des Gesichtes und Gaumens, Schwellungen im Bereich der Gesichtsregion, die Rhinorrhoe wie auch die Epistaxis. Zusätzlich findet sich bei Rezidivtumoren häufig ein erneut oder erstmalig auftretender Hörverlust sowie eine zervikale Lymphadenopathie.
Durch die Beschränkung der klinischen Untersuchung auf Inspektion mit direkten oder fiberoptischen Verfahren obliegt den radiologischen Verfahren ein hoher Stellenwert für die Detektion klinisch nicht exakt fassbarer Prozesse. Die prätherapeutische Diagnostik ist fokussiert auf die Primärdiagnostik wie auch die Differenzialdiagnose. Posttherapeutisch müssen insbesondere therapeutisch induzierte Veränderungen, wie Narben und Fibrosen, gegenüber Rezidivtumoren abgeklärt werden.

Untersuchungstechnische Aspekte

Die Rezidivdiagnostik bei Raumforderung des Nasopharynx muss fokussiert sein auf die Erfassung der Tumorlokalisation, der Infiltration von Leitstrukturen und der Ausdehnung. Wesentliche diagnostische Bedeutung kommt dabei der Magnetresonanztomografie zu. Diese erlaubt durch Verwendung nativer und kontrastmittelverstärkter Protokolle in drei Schichtorientierungen die präziseste Erfassung residueller Tumorstrukturen mit deutlichem Kontrastmittel-Enhancement gegenüber hypovaskularisierten narbigen Strukturen (Abb. 1). Probleme der Diagnostik liegen auf den Gebieten der Differenzialdiagnose, hypervaskularisierter narbiger Strukturen, entzündlicher Begleitveränderungen und therapeutisch induzierter narbiger Strukturen, insbesondere nach erfolgter Radiotherapie. Durch die obligat durchzuführenden prätherapeutischen Schnittbilduntersuchungen, optimalerweise durch Einsatz der MRT, kann durch die Bewertung der im Verlauf erfolgten MRT-Kontrolluntersuchungen die diagnostische Sicherheit weiter verbessert werden. Insbesondere zur Verifikation ossärer Infiltrationen der Schädelbasis eignen sich fettunterdrückte kontrastmittelverstärkte Sequenzen. Dabei müssen die therapeutisch induzierten Signalveränderungen des Os sphenoidale

Abbildung 1a

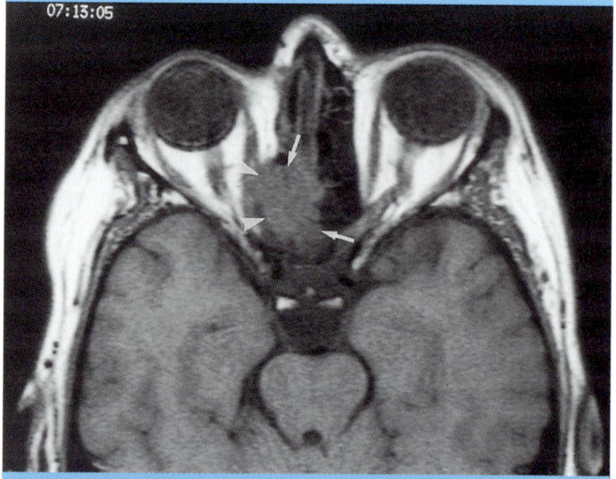

Nasopharynx-Tumorrezidiv mit Infiltration des Gesichtsschädels.

a) Native T1-gewichtete Sequenz TR/TE = 500/17. In der nativen T1-gewichteten Sequenz Nachweis einer signalarmen Raumforderung mit mittlerer Signalintensität im Bereich des Ethmoidalzellsystems und Infiltration der medialen Orbitawand.

Abbildung 1b

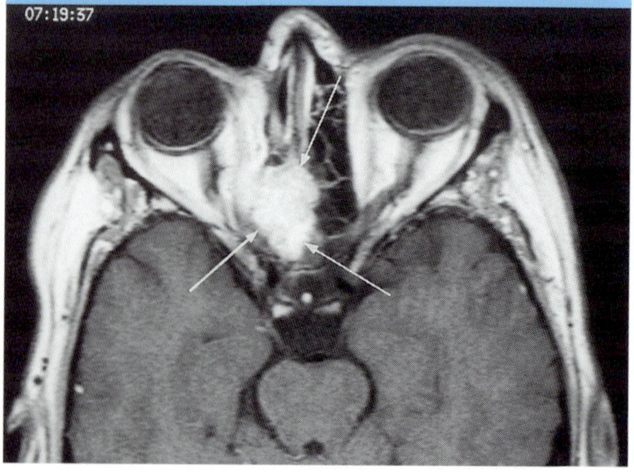

b) T1-gewichtete SE-Sequenz TR/TE = 500/17, Gadolinium DTPA. Nach Applikation des Kontrastmittels massive Kontrastmittelaufnahme. Bestätigung der Lagebeziehung der Raumforderung innerhalb des Ethmoidalzellsystems (weiße lange Pfeile) und der Infiltration der Orbitawände.

Berücksichtigung finden. Durch die Umwandlung bluthaltiger Markräume in Fettmark imponieren in der Regel diese Strukturen als Zonen erhöhter Signalintensität.

Zusammenfassend gilt für die Region des Nasopharynx die hohe diagnostische Wertigkeit der Magnetresonanztomografie, sowohl zur Primärdiagnostik wie auch zur Rezidivdiagnostik. Im Falle der Therapieplanung, insbesondere zur Erfassung der ossären Topografie, empfiehlt sich der ergänzende Einsatz der Computertomografie (Tab. I).

Tabelle I. Rezidivdiagnostik: Nasopharynx.

Hochauflösende MRT > CT
Axiale, koronare Schichtorientierung
Kontrastmitteldiagnostik
Schädelbasisorientierung
Therapiekontrolle: 6-monatige Verlaufskontrolle
Differenzierung Rezidivtumorgewebe – Narbe
Diagnostische Verifizierung: CT-gestützte Biopsie

Gesichtsschädel und Nasennebenhöhlen

Die Mehrzahl der malignen Tumoren der Nasenhaupthöhle, des Gesichtsschädels und der Nasennebenhöhlen stellt epitheliale Tumoren dar. Bei den malignen epithelialen Tumoren wird zwischen Plattenepithelkarzinomen, Adenokarzinomen und anaplastischen Karzinomen differenziert. Bei den malignen Tumoren mit Speicheldrüsenursprung müssen adenoid-zystische Karzinome, Azinuszellkarzinome und Mukoepidermoidkarzinome differenziert werden. Nur in seltenen Fällen finden sich Tumoren mesenchymalen Ursprungs, wie maligne Lymphome, Osteosarkome und Chondrosarkome (Abb. 2)
Die klinische Symptomatik von Rezidivtumoren des Gesichtsschädels und der Nasennebenhöhlen beinhaltet einmal die unilaterale Obstruktion, Nasensekretion, Blutungen und insbesondere das Symptom des Schmerzes. Bei Rezidivtumoren im Bereich des Sinus sphenoidalis finden sich zusätzlich häufig Nervenausfälle, insbesondere des Nervus abducens. Bei Karzinomen des Sinus maxillaris findet sich vorzugsweise eine Infiltration der Orbita, des Sinus sphenoidalis, der Fossa pterygopalatina und der Fossa infratemporalis. Insbesondere bei Rezidivtumoren adenoidzystischer Karzinome muss die perineurale Ausbreitung berücksichtigt werden. Entlang der Nervenstrukturen imponiert dabei das Tumorwachstum durch eine Auftreibung der nervalen Strukturen mit verstärkter Kontrastmittelaufnahme. Die Tumoren der kleinen Speicheldrüsen stellen dabei 4–10% aller malignen Tumoren dar.

Abbildung 2a

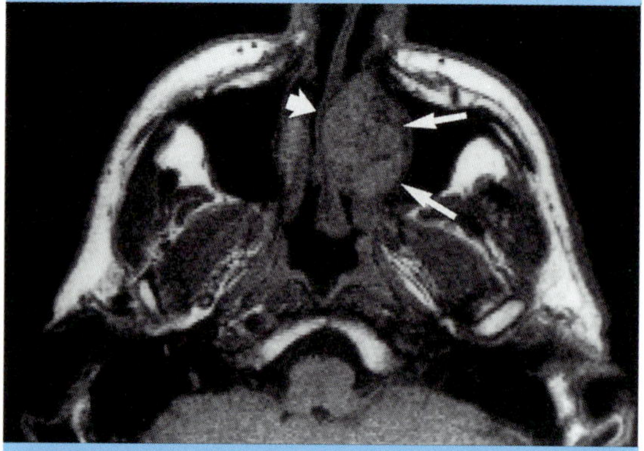

Abbildung 2b

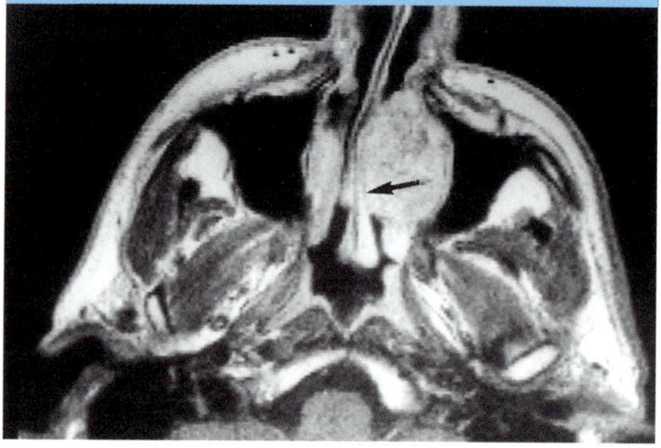

Rezidiv eines Weichteilplasmozytoms im Bereich der Nasennebenhöhlen.

a) T1-gewichtete Sequenz SE TR/TE = 500/17, nativ. In der T1-gewichteten Spinechosequenz Nachweis einer Raumforderung der mittleren Nasenmuschel unter Mitbeteiligung der medialen Kieferhöhlenwand li.-seitig (weiße Pfeile).

b) T1-gewichtete SE-Sequenz TR/TE = 500/15, Gadolinium DTPA. Nach Applikation von Gadolinium DTPA Dokumentation des Ausmaßes der Infiltration. Bestätigung des Rezidivtumors. Im Rahmen der Nachresektion wurde das erneute Vorliegen einer Weichteilplasmozytom-Infiltration bestätigt.

Seltener ist das Auftreten von Ästhesioneuroblastomen mit einem Altersgipfel zwischen dem 30. und 50. Lebensjahr. Diese Tumoren wachsen im Rezidivfall in der Regel ein in die Siebbeinzellen, die Orbita und die anteriore Schädelgrube. Bei Invasion der Frontobasis kann es zum Auftreten von Hirnabszessen kommen, in Einzelfällen finden sich dabei auch Verkalkungen. Der Schwerpunkt der diagnostischen Strategie liegt auf dem Einsatz der Computertomografie, mit Ausspielung im Knochen- und Weichteilfenster. Detailgenau können dabei Invasionen der ossären Strukturen dokumentiert werden. Beim Auftreten neuer osteolytischer Bezirke gelingt jeweils eine präzise Diagnosestellung eines Rezidivwachstums. Therapeutisch induziert finden sich nach Radio- und kombinierter Radio-/Chemotherapie häufig Sklerosezonen im Bereich der Wände der Sinus und der Schädelbasisstrukturen (Abb. 3). Eingeschränkt ist die Wertigkeit der Computertomografie zur Erfassung von Weichteilinfiltrationen sowie zur Dokumentation neuraler, perineuraler und meningealer Infiltrationsmuster. Bei diesen Fragestellungen ist der Magnetresonanztomografie der Vorzug zu geben. Insbesondere muss diese Technik dabei

Abbildung 3

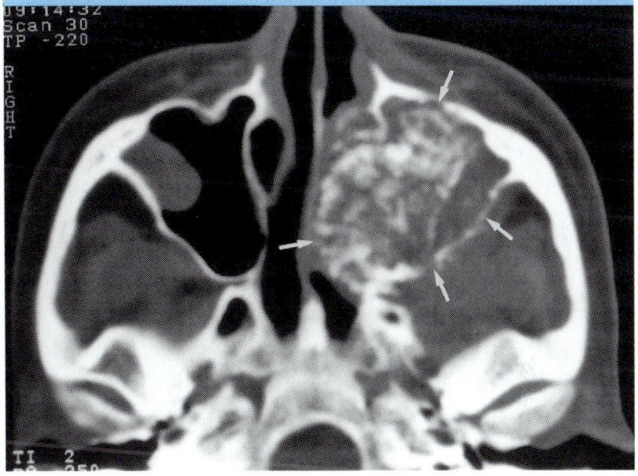

Computertomografie der Nasennebenhöhlen bei Z. n. Resektion eines Mukoepidermoidkarzinoms des Sinus maxillaris li.-seitig. Im Rahmen der CT-Kontrolle Dokumentation eines Rezidivtumors li.-seitig im Bereich der Kieferhöhle. Infiltration der li.-seitigen Nasenhaupthöhle, der Nasenmuschel. Druckerosionen im Bereich der lateralen Kieferhöhlenwand (weiße Pfeile).

kontrastmittelverstärkt und optimiert mittels fettunterdrückter Sequenzen zum Einsatz kommen. Komplex ist die Diagnostik beim Neuauftreten von intrakavitären Veränderungen innerhalb der Sinus maxillaris und der Sinus sphenoidalis. Entzündliche polypöse Veränderungen können dabei nur erschwert von Rezidivtumoren differenziert werden.

Zusammenfassend beruht die Wertigkeit der Nachsorge bei tumorösen Raumforderungen der Nasennebenhöhlen und des Gesichtsschädels heute im Wesentlichen auf dem Einsatz der kontrastmittelverstärkten Computertomografie (Tab. II). Bei Einsatz hochauflösender Techniken kann hier auch der primäre Einsatz der MRT gerechtfertigt sein. Obligat empfiehlt sich bereits prätherapeutisch der gezielte Einsatz dieser Untersuchungsstrategien, um bei der Fragestellung Therapiekontrolle und Rezidiv eine vergleichende Bewertung, und damit eine Präzisierung der Diagnostik zu ermöglichen.

Tabelle II. Rezidivdiagnostik: Gesichtsschädel.
Spiral-CT > MRT
Dünnschichttechnik Ausspielung: Knochen-/Weichteilfenster Kontrastmitteldiagnostik
Vorteile
Ossäre Leitstrukturen DD: Osteosklerose/Osteomyelitis Kortikalismitbeteiligung
Problematik
Osteoradionekrose versus Osteomyelitis versus Tumorinvasion

Oropharynx und Mundhöhle

Die Primärdiagnostik und die Differenzialdiagnostik in der Region Mundhöhle und Oropharynx sind fokussiert auf die Erfassung der topografischen Lagebeziehung einer häufig bereits klinisch detektierten Läsion. Bei den Fragestellungen Therapiekontrolle und Rezidiv müssen Weichteilveränderungen sowie therapeutisch induzierte, reaktive Prozesse gegenüber Rezidivtumoren differenziert werden. Insbesondere ist es wesentlich, die Infiltration vitaler Weichteilstrukturen sowie vaskulärer und neurogener Strukturen zu erfassen.
Klinisch führen die Formveränderungen im Bereich der Mundhöhle, des Mundbodens und Oropharynx rasch zu funktionellen Störungen, die die Nahrungsaufnahme, das Kauen, die Atmung und Sprache betreffen. Im Falle der Rezidivdiagnostik stellen Weichteilschwellungen sowie auch Schmerzen die häufigste klinische Symptomatik dar; hier ist die Differenzierung narbiger Strukturen gegenüber Rezidiv-neoplastischem Gewebe jedoch häufig problematisch. Das diagnostische Verfahren der ersten Wahl stellt heute für diese komplexen Fragestellungen die Magnetresonanztomografie dar, die mittels optimierter Kopf-Hals-Spulen-Technologie und unter Verwendung T1- und T2-gewichteter Sequenzen durchgeführt werden sollte (Abb. 4). Durch die Darstellung in axialer, koronarer und sagittaler Schnittführung gelingt die Erfassung von Weichteilzonen in allen drei Schichtorientierungen. Durch die vergleichende Bewertung nativer und kontrastmittelverstärkter Sequenzprotokolle können Tumoren und narbige Strukturen häufig differenziert werden. Als problematisch erweist sich der Einsatz der MRT für die Fragestellungen von Knochenarrosionen im Bereich der Kortikalisstrukturen der Mandibula. Hier muss auf die höhere Wertigkeit der axial durchzuführenden Computertomografie hingewiesen werden. Dies relativiert sich jedoch für die Erfassung von Spongiosainfiltrationen und die Detektion von therapeutisch induzierten Veränderungen, wie der Radionekrose der Mandibula. Durch die konsequente Analyse der Signalintensitäten in den T1- und T2-gewichteten Spinechosequenzen gelingt die Differenzierung von Radionekrosen gegenüber osteomyelitischen Veränderungen und Tumorrezidivinfiltrationen.

Zusammenfassend gilt für die Region Oropharynx und Mundhöhle die hohe Wertigkeit der Magnetresonanztomografie zur Primärdiagnostik sowie zur Therapiekontrolle (Tab. III). Gegebenenfalls muss hier auch auf die Wertigkeit einer bildgesteuerten Biopsie hingewiesen werden, bei der Diskrepanz klinischer Symptomatik und bildgebender Befunde.

Rezidivtumor eines Oropharynxkarzinoms mit Infiltration in den präepiglottischen Raum.

Abbildung 4a

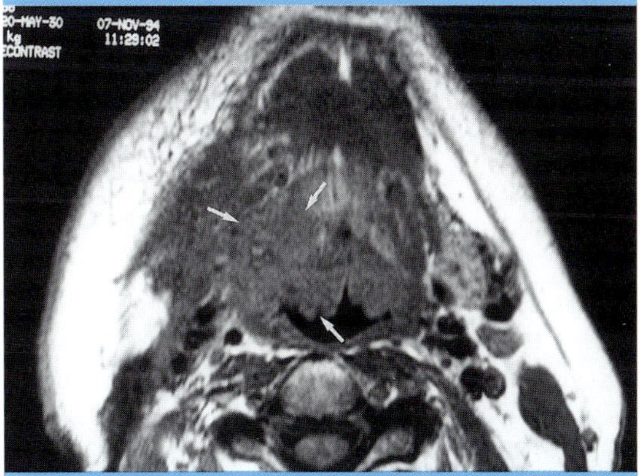

a) TR/TE = 500/17, nativ. In der nativen T1-gewichteten SE-Sequenz Dokumentation der signalarmen Ausbreitung der Raumforderung in der kaudalen Region des Oropharynx, des präepiglottischen Raumes (weiße Pfeile).

Abbildung 4b

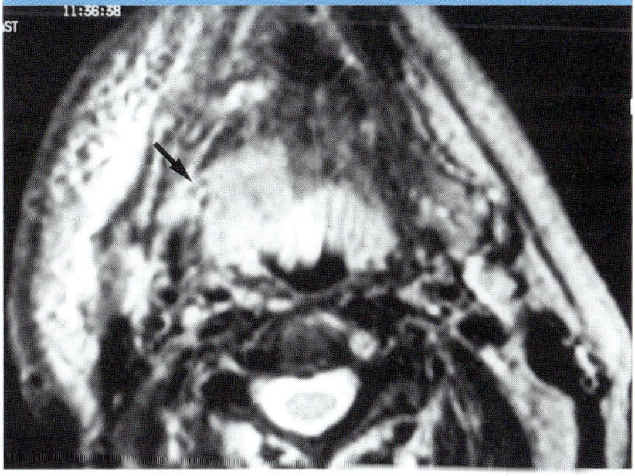

b) T2-gewichtete SE-Sequenz, TR/TE = 2500/90. Hier imponiert die Raumforderung mit primär hoher Signalintensitat.

Tabelle III. Rezidivdiagnostik: Oropharynx/Mundhöhle.
MRT > CT
Axiale/koronare/sagittale Schichtorientierung Kontrastmitteldiagnostik Hochauflösende Technik Ultraschnelle bildgebende Sequenzen
Vorteile
Weichteilbeziehung Differenzierung Narbe/Rezidivgewebe: verbessert MR-Spektroskopie! Fettige Muskelinvasion gegenüber Tumorinvasion

Speicheldrüsen

Benigne wie maligne Speicheldrüsentumoren zeigen ein komplexes Bild an möglichen Pathologien, von Adenokarzinomen bis zu Sarkomen reichend. Die Rezidivsituation ist in der Regel bildgebend nur schwer zu erfassen, und dann bereits in fortgeschrittener Tumorsituation. Daher müssen die bildgebenden Verfahren diese Lücke schließen und im Rahmen der Nachsorge narbige Strukturen von Tumorrezidivgewebe differenzieren. Initial beruht die Diagnostik in der Regel auf dem Einsatz der Sonografie, die häufig nur unschlüssige Befunde liefert. Die MRT stellt die optimale Untersuchungsstrategie dar zur Differenzierung von Narbe, Rezidivgewebe und posttherapeutischen Veränderungen (Tab. IV).

Tabelle IV. Rezidivdiagnostik: Speicheldrüsen.
MRT > CT
Weichteilauflösung Dokumentation des Verlaufs des Nervus facialis Glanduläre Substrukturen Angrenzende Randstrukturen
Problematik
Chronisch-reaktive Entzündungen versus Tumorgewebe

Larynx und Hypopharynx

Die Mehrzahl der malignen Tumoren des Larynx und Hypopharynx stellt Plattenepithelkarzinome dar, selten treten mesenchymale Tumoren auf. Die primäre Diagnostik beruht auf dem Einsatz der Inspektion und der Endoskopie mit Probeentnahme. Die Schnittbilddiagnostik beruht auf dem Einsatz von CT und hochauflösender MRT.

Die Rezidivdiagnostik muss jeweils die gesamte Larynx- und Hypopharynxregion beinhalten, wie auch den gesamten zervikalen Lymphknotenstatus (Abb. 5). Aufgrund der hohen räumlichen Auflösung ist der MRT der Vorzug zu geben, insbesondere in der frontalen und sagittalen Schichtorientierung, und optimal nach intravenöser Kontrastmittelapplikation. Im Einzelfall muss auf die hohe Treffsicherheit der bildgebend gesteuerten Biopsie mittels CT und MRT zur Verifizierung eines Tumorrezidivs hingewiesen werden (Tab. V), insbesondere bei submuköser Tumorausbreitung.

Abbildung 5a

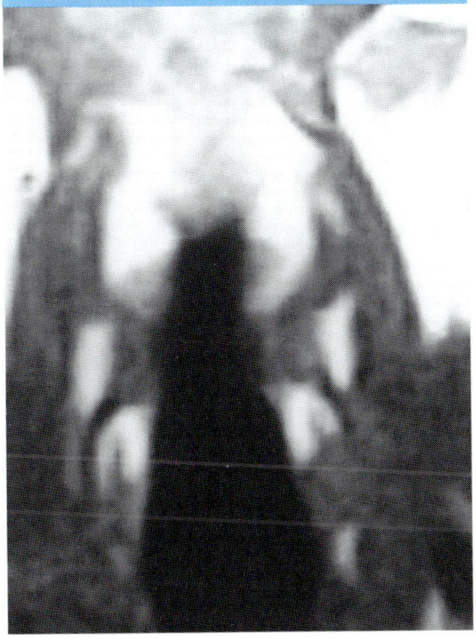

Abbildung 5b

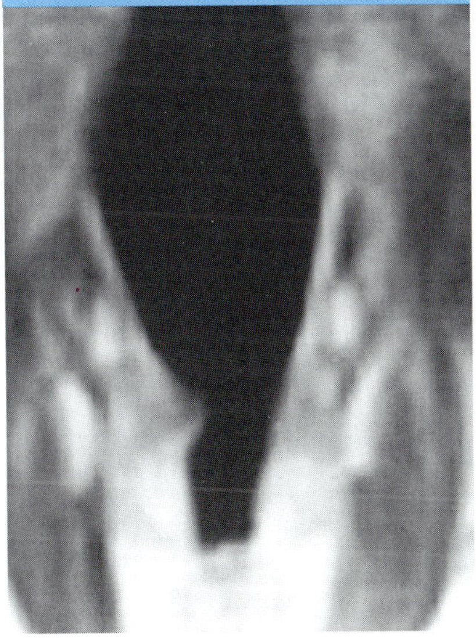

Rezidivtumor eines glottischen Larynxkarzinoms.

a) T1-gewichtete SE-Sequenz nativ, TR/TE = 500/15. In der nativen T1-gewichteten Sequenz Inhomogenitäten des M. vocalis li.-seitig bei Z. n. primärer Radiatio.

b) T1-gewichtete SE-Sequenz, TR/TE = 500/17, Gadolinium DTPA. Nach Applikation von Gadolinium DTPA Dokumentation einer fein-nodulären Kontrastmittelaufnahme im Bereich des M. vocalis li.-seitig und des Sinus Morgagni als Hinweis für das Vorliegen eines Rezidivtumors, der im Rahmen der Stütz-Laryngoskopie bestätigt wurde.

Tabelle V. Rezidivdiagnostik: Hypopharynx/Larynx.
MRT > CT
Hochauflösende Technik Kontrastmitteldiagnostik Axiale/koronare Schnittführung
Vorteile
Weichteil-Lagebeziehung Differenzierung Narbe/Rezidiv Submuköse Tumorausdehnung

Zusammenfassende Bewertung

Zusammenfassend muss für die diagnostische Evaluierung des Tumorrezidivs schlussgefolgert werden:

- Hohe primäre Wertigkeit der prätherapeutisch bildgebenden Diagnostik zur Korrelation weiterer Verlaufsuntersuchungen

- Differenzierter Einsatz der bildgebenden Verfahren in Abhängigkeit von Lokalisation und Fragestellung
- Frühzeitiger Einsatz der bildgesteuerten Biopsie bei Architekturveränderungen
- Standardisierte Nachsorgeuntersuchungsprotokolle notwendig

Als Ausblick der diagnostischen und interventionellen Radiologie muss auf die rasche technische Entwicklung der bildgebenden Verfahren hingewiesen werden:

- Weitere technische Entwicklung der MR-Verfahren
  MR-Spektroskopie
  MR-Perfusion/Diffusion
  MR-Angiografie
- Ultraschnelle Computertomografie mit 3-dimensionaler Rekonstruktion
- MR-gesteuerte lokale Tumorablation
  LITT
  Radiofrequenzablation
- Gewebespezifische Kontrastmitteldiagnostik
  Lymphknoten
  Hypervaskularisierte Gewebestrukturen

Literatur

1 Gean-Marton AD, Kirsch CFE, Vezina LG, Weber AL (1991) Focal amyloidosis of the head and neck: Evaluation with CT and MR imaging. Radiology 181: 521–525

2 Gussack GS, Hudgins PA (1991) Imaging modalities in recurrent head and neck tumors. Laryngoscope 101: 63

3 Kraus DH, Lanzieri CF, Wanamaker JR, Little JR, Lavertu P (1992) Complementary use of computed tomography and magnetic resonance imaging in assessing skull base lesions. Laryngoscope 102: 74

4 Mukherji SK, Manusco AA, Kotzur IM, Mendenhall WM, Kubilis PS, Tart RP, Lee WR, Freeman D (1994) Radiologic appearance of the irradiated larynx, part I. Expected changes. Radiology 193: 141–148

5 Mukherji SK, Manusco AA, Kotzur IM, Mendenhall WM, Kubilis PS, Tart RP, Freeman D, Lee WR (1994) Radiologic appearance of the irradiated larynx, part II. Primary site response. Radiology 193: 149–154

6 Rahmouni A, Tempany C, Jones R, Mann R, Yang A, Zerhouni E (1993) Lymphoma: Monitoring tumor size and signal intensity with MR imaging. Radiology 188: 445–451

7 Rozeik C, Kotterer O, Vogel J, Preiß J, Deininger HK (1991) Probleme der Rezidiverkennung kraniozervikaler Malignome im CT. Fortschr Röntgenstr 154 (6): 657–662

8 Sherman JL (1991) Enhanced MRI: The value of the negative scan. MRI Decisions 17–34

9 Tien RD, Robbins KT (1992) Correlation of clinical, surgical, pathologic and MR fat suppression results for head and neck cancer. Head and Neck 14: 278–284

Staging of Head and Neck Cancer Using F-18-FDG Positron Emission Tomography (FDG-PET)

R. P. Baum, S. Adams[a]
Klinik für Nuklearmedizin/PET-Zentrum, Zentralklinik Bad Berka
[a]Abteilung für Radiologie und Nuklearmedizin, Ruhr-Universität Bochum – Marienhospital – Herne

Introduction

Head and neck carcinomas constitute approximately 5% of all malignancies worldwide, the incidence is increasing (1). The majority of patients with squamous cell oropharyngeal cancer are male by a ratio of 3 or 4 to 1, and most are over the age of 40. The fact that the risk for second primaries in the upper aerodigestive tract of patients with head and neck cancer approaches 30% indicates that various etiologic agents are exerting influence over an entire mucosal surface (2). The addition of alcohol and tobacco has a synergistic effect in the development of cancer and is associated with a high frequency of p53 mutations in patients with squamous cell carcinoma of the head and neck (3). Among the group of head and neck carcinomas over 80% are classified histopathologically as squamous cell carcinoma (4). If the primary tumor left untreated, it will metastasize to the regional lymph nodes. With time, hematogenous spread will lead to the development of distant metastasis. The lungs are the most frequent initial site of distant metastases. Other localizations of metastatic spread are the skeletal system followed by the liver, mediastinum, skin and brain (5).

The site and extent of the primary tumor (T staging) appears to have an inverse correlation with the rate of response to the treatment modalities (6).

Lymphatic dissemination is the most important prognostic factor affecting survival of patients with head and neck cancer (7). The average 5-year survival is > 50% in patients without, but only 30% in patients with cervical lymph node involvement (8). In addition, among patients with lymph node metastases survival is significantly lower if there is nodal involvement at multiple levels (9). Furthermore, survival worsens as lower lymph node levels are involved (10).

At the time of diagnosis, 40% of the patients with squamous cell carcinomas of the head and neck region are stage N0 (11). The early stages (I and II) are usually treated by surgery or radiotherapy alone, while advanced stage III and operable stage IV tumors are usually treated by surgery and

concomitant chemoradiotherapy (12, 13). The effectiveness of surgical treatment depends on the complete excision of all tumor tissue.
Accurate preoperative tumor-node-metastasis (TNM) staging is therefore mandatory.

N-Staging of Head and Neck Cancer

Although physical and endoscopic examination under anesthesia (with open biopsy) is considered to be the definitive diagnostic and staging procedure, there is an increasing use of diagnostic imaging methods such as sonography, CT and MRI (4). Morphological imaging modalities have been applied to noninvasively assess the extent of local and regional spread of the primary tumor, the depth of invasion and the presence of lymphadenopathy (14).
In patients with stage N0 by clinical examination, it has been demonstrated that x-ray computed tomography alters N-staging in 20–30% (15) if strict criteria of morphological imaging are applied (size > 1.5 cm, central necrosis, grouping nodes, spherical shape). The limitations of anatomical imaging are the lack of tumor specifity and the reliance on morphologic criteria to diagnose malignant lymphadenopathy. It should be noted that more than 40% of all lymph node metastases are localized in normal-sized nodes (< 1.0 cm). Therefore, small tumor lesions will be missed on physical examination and CT or MRI (15, 16).

Figure 1

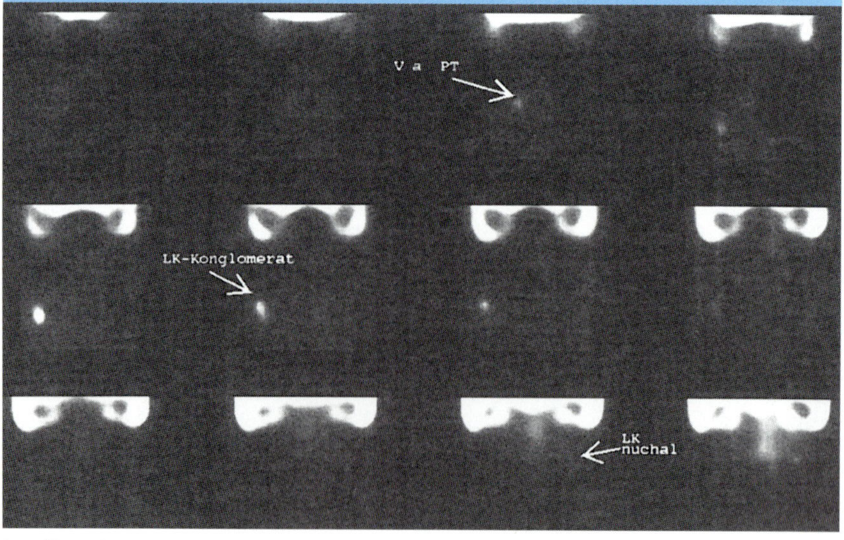

Tonsil carcinoma with lymph node metastases.

In patients with malignant regional lymph node involvement, a radical neck dissection is performed frequently in order to eradicate the cervical metastatic foci. Therefore correct N-staging is necessary to define the appropriate surgical treatment, because the radical neck dissection operation affects the function and appearance of the patients.
Fluorine-18 fluorodeoxyglucose (^{18}F-FDG) is a marker of tumor viability, based upon the increased glycolysis that is associated with malignancy as compared with most normal tissues. It has also been suggested that tumors with increased FDG uptake appear more aggressive and are associated with a less favourable prognosis for the patient (17). Head and neck carcinomas have high glycolytic activity and increased FDG uptake (18, 19).
Many studies have shown the ability of FDG-PET to detect lymph node metastases of head and neck squamous cell carcinomas. Usually, FDG-PET was superior to morphological imaging. A diagnostic sensitivity of 72–91% and a specificity ranging from 82–99% has been reported (19–26) (Tab. I). A fusion image showing the focally increased glucose metabolism (PET) superimposed onto the anatomical locations (CT/MRI) is the optimal diagnostic modality. With this technique, patients can be better characterized individually concerning the status of regional lymph node involvement so that therapeutic interventions can be appropriately designed.
However, increased FDG uptake can also occur in benign lymph nodes and peritumoral granulation tissue as a result of inflammatory reaction (activated macrophages) (27). A semiquantitative analysis by determination of standard uptake values (SUV) showed increased FDG uptake in metastatic lymph nodes with significant differences between the SUV values of metastatic or reactively enlarged nodes (18, 21, 25, 28). *Lapela* et al. reported significantly higher SUV values in malignant lesions when compared to benign enlarged lymph nodes (29). Possible explanations of heterogeneic FDG uptake may be due to a mixture of cell clones in tumors, different expression of the glucose transporter gene or glycolysis related genes or changes induced by oncogenic alteration (30, 31).

Table I. N-Staging of Head and Neck Cancer Using F-18-FDG Positron Emission Tomography.

Author	Number of patients	Sensitivity, %	Specificity, %
Bailet (22)	16	86	98
Jabour (19)	12	74	98
Braams (24)	12	91	88
Laubenbacher (21)	22	90	96
Benchaou (20)	48	72	99
Kau (23)	60	87	97
Nowak (26)	48	80	82
Adams (25)	60	90	94

Figure 2

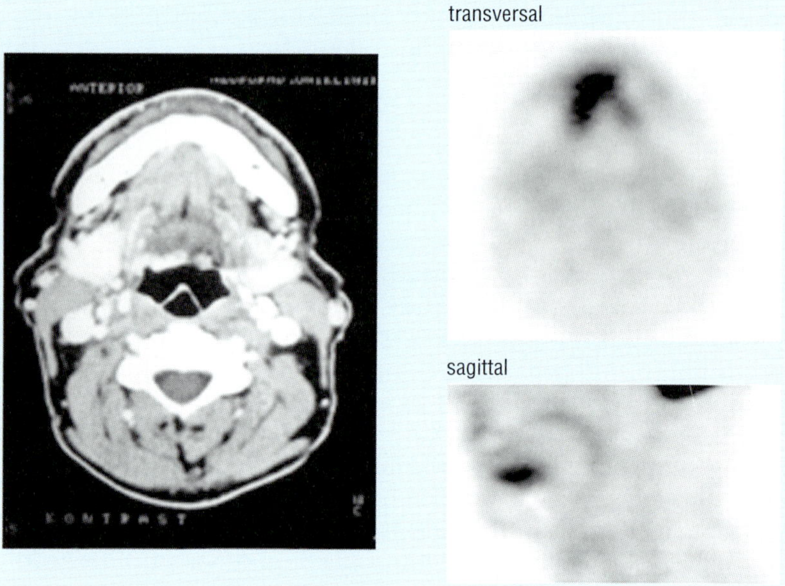

SCC of the mouth, no lymph node metastases.

The use of other substances labeled with positron emitters such as L-[^{11}CH3]-methionine and L-1-[^{11}C]-tyrosine seems to be even more suitable in the evaluation of patients with palpable lymph nodes by its potential to differentiate between malignant and inflammatory tissue (32–34). Furthermore, L-[^{11}CH3]-methionine shows bilateral symmetrical accumulation in the salivary glands; therefore, the tumor detection in these regions and especially in the submandibular and submental lymph node levels may be problematic (35).

Staging of Recurrent Disease and Therapy Monitoring

Local recurrence of head and neck carcinomas occurs usually within two years after resection of the primary tumor and is related with a poor prognosis. CT and MR images are more difficult to interpret when used post-treatment to define residual or recurrent disease owing to inflammation, edema and fibrosis that naturally follow surgery and radiation therapy. Previous reports have shown a high diagnostic accuracy of FDG-PET in identifying local tumor recurrence. A sensitivity in the range of 80–100% and a specificity ranging from 64–100% (26, 29, 36–39) (Tab. II) has been described.

Table II. Detection of Recurrent Head and Neck Cancer Using F-18-FDG Positron Emission Tomography.

Author	Number of patients	Sensitivity, %	Specificity, %
Nowak (26)	26	86	75
Lapela (29)	15	100	80
Anzai (36)	12	88	100
Greven (37)	31	80	81
Fischbein (38)	36	100	64
Lowe (39)	44	100	93

Earlier detection of recurrence can improve survival of these patients. *Lowe* et al. have shown that FDG-PET is able to detect head and neck tumor recurrence at a time when it is undetectable by physical examination or conventional imaging methods (39). Furthermore, *Stokkel* et al. reported that lesions of local recurrent head and neck cancer were detected with a mean interval of 6.6 months before histological conformation (40). As mentioned previously, increased FDG uptake is also observed in granulation tissue as a result of inflammatory reactions (27). Therefore it is important to emphasize that FDG-PET should be performed at least three months after radiation therapy to avoid false positive results due to reactive changes. Normal structures in the head and neck region such as the oral mucosa, palatine tonsils, and mylohyoid muscle routinely show slightly increased FDG uptake (41). Metabolic imaging using FDG-PET has been evaluated by both visual and semiquantitative (SUV) methods proving that the highest accuracy of quantitative analysis in correct identification of tumor recurrence (75%) was inferior to that of visual analysis (89%). Although quantitation of FDG uptake shows significantly higher tracer concentrations for malignant as compared to benign lesions there is a wide overlap of individual standard uptake values (42). These

Figure 3

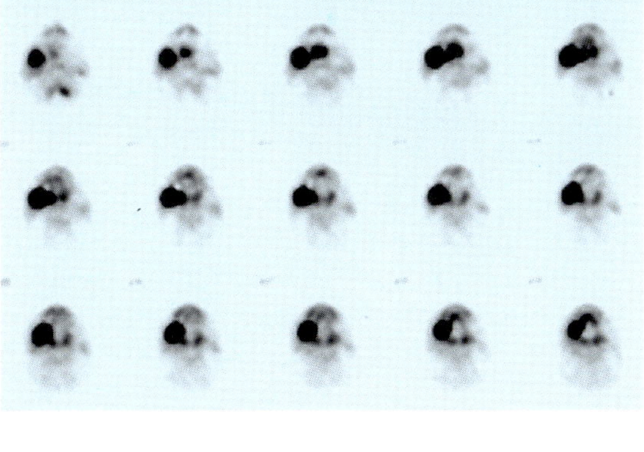

Large SCC retromolar, no lymph node metastases, T4 N0 MO, G1.

findings can create considerable difficulty in defining a cutoff between normal and abnormal semiquantitative SUV. For this reason in clinical practice it may be preferable to evaluate the PET data visually (39, 42).
A significantly greater risk for relapse, despite an initial complete response, was noted in patients with moderately or poorly-differentiated malignant squamous cell carcinomas of the head and neck region (43). Furthermore the projected 36-months survival rate was 38% for patients with poorly-differentiated lesions versus 75% for patients with moderately and well-differentiated squamous cell carcinomas.
Increased glucose metabolism seems to be an indicator of poor functional differentiation and higher malignancy (44, 45). As reported by *Reisser* and *Minn* et al. FDG uptake measurement before therapeutic interventions can predict prognosis of head and neck carcinomas (46, 47). Patients with an SUV above 9 had a 3-year survival rate of 22% in comparison to patients with a lower SUV value (3-year survival rate 73%) (47).
Therapeutic effects in head and neck cancer after irradiation can be monitored by FDG-PET showing a significant reduction in the uptake ratio among radioresponsive tumors, but not in radioresistant lesions (48, 49).

Figure 4

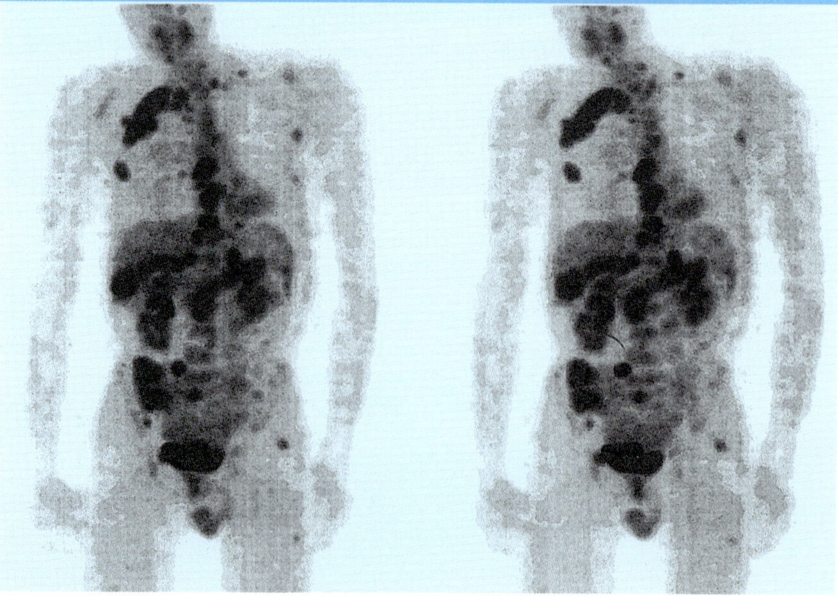

CUP-syndrome, cervical lymph node metastases.

References

1 Parker SL, Tong T, Bolden S et al (1996) Cancer statistics 1996. Ca Cancer J Clin 46: 5–27

2 Callery CD, Spiro RH, Strong EW (1984) Changing trends in the management of squamous carcinoma of the tongue. Am J Surg 148: 449–454

3 Brennan JA, Boyle JO, Koch WM et al (1995) Association between cigarette smoking and mutation of the p53 gene in squamous cell carcinoma of the head and neck. N Engl J Med 332: 712–717

4 Vokes EE, Weichselbaum RR, Lippman SM et al (1993) Head and neck cancer. N Engl J Med 328: 184–194

5 Merino OR, Lindberg RD, Fletcher GH (1977) An analysis of distant metastases from squamous cell carcinoma of the upper respiratory and digestive tract. Cancer 40: 145–151

6 Wolf GT, Makuch RW, Baker SR (1984) Predictive factors for tumor response to perioperative chemotherapy in patients with squamous cell carcinoma. The head and neck contract group. Cancer 54: 2869–2877

7 Sham JS, Choy D (1990) Prognostic factors of nasopharyngeal carcinoma: a review of 759 patients. Br J Radiol 63: 51–58

8 Whitehurst JO, Droulias CA (1987) Surgical treatment of squamous cell carcinoma of the oral tongue. Arch Otolaryngol 103: 212–215

9 O'Brien CJ, Smith JW, Soon SJ et al (1986) Neck dissection with and without radiotherapy: prognostic factors, patterns of recurrence, and survival. Am J Surg 152: 456–463

10 Jones AS, Roland NJ, Feld JK et al (1994) The level of cervical lymph node metastases: their prognostic relevance and relationship with head and neck squamous cell carcinoma primary sites. Clin Otolaryngol 19: 63–69

11 Landis SH, Murray T, Bolden S et al (1999) Cancer statistics 1999. Ca Cancer J Clin 49: 8–31

12 Panje WR, Namon AJ, Vokes E et al (1995) Surgical management of the head and neck cancer patient following concomitant multimodality therapy. Laryngoscope 105: 97–101

13 Aisner J, Jacobs M, Sinabaldi V et al (1994) Chemoradiotherapy for the treatment of regionally advanced head and neck cancers. Semin Oncol 21: 35–44

14 Brinkmann G, Brix F, Beigel A (1990) Sonography, CT, MR in soft part growths in the head and neck region. Röntgenblätter 43: 58–64

15 Stevens MH, Harnsberger HR, Mancuso AA et al (1985) Computed tomography of cervical lymph nodes. Staging and management of head and neck cancer. Acta Otolaryngol 111: 735–739

16 Eichhorn T, Schroeder HG, Glanz T et al (1987) Histologically controlled comparison of palpation and sonography in the diagnosis of cervical lymph node metastases. Laryngol Rhinol Otol 66: 266–274

17 Strauss LG, Ponti PS (1991) The application of PET in clinical oncology. J Nucl Med 32: 623–648

18 Lindholm P, Minn H, Leskinen-Kallio S et al (1993) Influence of the blood glucose concentration on FDG uptake in cancer – a PET study. J Nucl Med 34: 1–6

19 Jabour BA, Choi Y, Hoh CK et al (1993) Extracranial head and neck: PET imaging with 2-[F-18]fluoro-2-deoxy-D-glucose and MR imaging correlation. Radiology 186: 27–35

20 Benchaou M, Lehmann W, Slosman DO et al (1996) The role of FDG-PET in the preoperative assessment of N-staging in head and neck cancer. Acta Otolaryngol Stockh 116: 332–225

21 Laubenbacher C, Saumweber D, Wagner-Manslau C et al (1995) Comparison of fluorine-18-fluorodeoxyglucose PET, MRI and endoscopy for staging head and neck squamous cell carcinoma. J Nucl Med 36: 1747–1757

22 Bailet JW, Sercarz JA, Abemayor B et al (1995) The use of positron emission tomography for early detection of recurrent head and neck squamous cell carcinoma in postradiotherapy patients. Laryngoscope 105: 135–139

23 Kau RJ, Alexiou C, Laubenbacher C et al (1998) Positron-emission-tomography (PET) for the preoperative staging of head and neck tumors. Br J Cancer 77: 12
24 Braams JW, Pruim J, Freling NJM et al (1995) Detection of lymph node metastases of squamous cell cancer of the head and neck with FDG-PET and MRI. J Nucl Med 36: 211–216
25 Adams S, Baum RP, Stuckensen T et al (1998) Prospective comparison of ^{18}F-FDG PET with conventional imaging modalities (CT, MRI, US) in lymph node staging of head and neck cancer. Eur J Nucl Med 25: 1255–1260
26 Nowak B, DiMartino E, Jänicke S et al (1999) Diagnostic evaluation of malignant head and neck cancer by F-18-FDG-PET compared to CT/MRI. Nuklearmedizin 38: 312–318
27 Kubota R, Yamada S, Kubota K et al (1992) Intratumoral distribution of fluorine-18-fluorodeoxyglucose in vivo: high accumulation in macrophages and granulation tissues studied by microautoradiographic comparison with FDG. J Nucl Med 3: 1972–1980
28 Haberkorn U, Strauss LG, Reisser C et al (1993) Glucose uptake, perfusion, and cell proliferation in head and neck tumors: relation of positron emission tomography to flow cytometry. J Nucl Med 34: 12–17
29 Lapela M, Grenman R, Kurki T (1995) Head and neck cancer: detection of recurrence with PET and 2-[F-18]fluoro-2-deoxy-D-glucose. Radiology 197: 205–211
30 Field JK, Lamonthe A, Spandidos DA (1986) Clinical relevance of oncogene expression in head and neck tumors. Anticancer 6: 595–600
31 Field JK, Spandidos DA, Stell PM et al (1989) Elevated expression of the c-myc oncoprotein correlates with poor prognosis in head and neck squamous cell carcinoma. Oncogene 4: 1463–1468
32 Kubota R, Kubota K, Yamada S et al (1995) Methionine uptake by tumor tissue: a microautoradiographic comparison with FDG. J Nucl Med 36: 484–492
33 Braams JW, Pruim J, Nikkels PGJ et al (1996) Nodal spread of squamous cell carcinoma of the oral cavity detected with PET-tyrosine, MRI and CT. J Nucl Med 37: 897–901
34 Leskinen-Kallio S, Nagren K, Lehikomen P et al (1991) Uptake of ^{11}C-methionine in breast cancer studied by PET: an association with the size of S-phase fraction. Br J Cancer 64: 1121
35 Leskinen-Kallio S, Nagren K, Lehikomen P et al (1992) Carbon-11-methionine and PET is an effective method to image head and neck cancer. J Nucl Med 33: 691–695
36 Anzai Y, Carroll WR, Quint DJ et al (1996) Recurrence of head and neck cancer after surgery or irradiation. Prospective comparison of 2-deoxy-2-[F-18]fluoro-D-glucose PET and MR imaging diagnoses. Radiology 200: 135–141
37 Greven KM, Williams D, Keyes JJ et al (1997) Can positron emission tomography distinguish tumor recurrence from irradiation sequelae in patients treated for larynx cancer? Cancer J Sci Am 3: 353–357
38 Fischbein NJ, Assar OS, Caputo GR et al (1998) Clinical utility of positron emission tomography with 18F-fluorodeoxyglucose in detecting residual/recurrent squamous cell carcinoma of the head and neck. Am J Neuroradiol 19: 1189–1196
39 Lowe VJ, Boyd JH, Dunphy FR et al (2000) Surveillance for recurrent head and neck cancer using positron emission tomography. J Clin Oncol 18: 651–658
40 Stokkel MP, Terhaard CH, Hordijk GJ et al (1999) The detection of local recurrent head and neck cancer with fluorine-18 fluorodeoxyglucose dual-head positron emission tomography. Eur J Nucl Med 26: 767–773
41 Rigo P, Paulus P, Kschten BJ et al (1996) Oncological applications of positron emission tomography with fluorine-18 fluorodeoxyglucose. Eur J Nucl Med 23: 1641–1674
42 Lapela M, Eigtved A, Jyrkkio S et al (2000) Experience in qualitative and quantitative FDG PET in follow-up of patients with suspected recurrence from head and neck cancer. Eur J Cancer 36: 858–867

43 Ensley J, Crissman J, Weaver A et al (1986) The impact of tumor morphology on the response rate and overall survival of patients with head and neck cancer treated with cisplatin combination chemotherapy. Cancer 57: 711–717
44 Feine U, Lietzenmayer R, Hanke JP et al (1996) Fluorine-18-FDG and iodine-131-iodide uptake in thyroid cancer. J Nucl Med 37: 1468–1472
45 Adams S, Baum RP, Hertel A et al (1998) Metabolic (PET) and receptor (SPET) imaging of well- and less well-differentiated tumors: Comparison with the expression of the Ki-67-antigen. Nucl Med Com 19: 641–647
46 Reisser C, Haberkorn U, Strauss LG (1993) The relevance of positron emission tomography for the diagnosis and treatment of head and neck tumors. J Otolaryngol 22: 231–238
47 Minn H, Lapela M, Klemi PJ et al (1997) Prediction and survival with fluorine-18-fluorodeoxyglucose and PET in head and neck cancer. J Nucl Med 38: 1907–1911
48 Minn H, Paul R, Ahonen AJ (1998) Evaluation of treatment response to radiotherapy in head and neck cancer with fluorine-18 fluorodeoxyglucose. J Nucl Med 29: 1521–1525
49 Haberkorn U, Strauss LG, Reisser C et al (1992) Positronenemissionstomographie (PET) für die Beurteilung von Tumorproliferation und Therapieverlauf bei HNO-Tumoren. Radiologe 32: 296–301

Tumormarker und andere Laborparameter

F. Waldfahrer, H. Iro
Klinik und Poliklinik für Hals-Nasen-Ohrenkranke,
Universität Erlangen-Nürnberg

Einführung

Tumormarker sind definitionsgemäß Substanzen, die von malignen Tumoren direkt (*direkte Tumormarker*) oder in Gegenwart eines malignen Tumors von Nicht-Tumorzellen (*indirekte Tumormarker*) gebildet werden und die sich in Blut bzw. Körperflüssigkeiten (*humorale Tumormarker*) oder in bzw. auf Zellen (*zelluläre Tumormarker*) nachweisen lassen.
Tumormarker sollen dazu dienen, ein Tumorgeschehen – sei es nun die Erstmanifestation oder ein Rezidiv nach Therapie – möglichst in einem asymptomatischen Zustand aufzudecken. Neben diesem diagnostischen Einsatz zur Primärdiagnostik und Verlaufskontrolle können manche Tumormarker auch ein Prognosekriterium darstellen und die Therapieentscheidung beeinflussen.
Tabelle I gibt einen die Grenzen des Fachs HNO-Heilkunde überschreitenden Überblick über die Einteilung der derzeit gebräuchlichen Tumormarker.

Tabelle I. Einteilung der Tumormarker; modifiziert nach (17).

Substanzgruppe	Beispiele
Onkofetale und onkoplazentare Antigene	CEA (karzinoembryonales Antigen) AFP (α-Fetoprotein) hCG (humanes Choriongonadotropin)
Kohlenhydratepitope	CA 19-9, CA 125, CA 15-3
Differenzierungs- und Proliferationsantigene	NSE (neuronspezifische Enolase) PSA (prostataspezifisches Antigen) β_2-Mikroglobulin
Bestandteile des zellulären Zytoskeletts und des Zytosols	SCC (squamous cell carcinoma antigen) CYFRA 21-1
Ektopisch gebildete Hormone	ACTH, Calcitonin
Ektopisch gebildete Proteine	Monoklonale Immunglobuline Bence-Jones-Protein

Der *ideale Tumormarker*, den es bislang nicht gibt, hätte eine 100%ige Sensitivität und eine 100%ige Spezifität. Für einige Tumorerkrankungen kommen einige Tumormarker dem Idealbild so nahe, dass sie im klinischen Alltag mit Benefit eingesetzt werden können. Beispielhaft zu nennen wären der onkofetale Tumormarker α-Fetoprotein (AFP) als Marker für Hoden- und primäre Leberzelltumoren, das prostataspezifische Antigen (PSA) für Prostatakarzinome und die neuronspezifische Enolase für neuroendokrine Tumoren.
Tumormarker haben vor allem bei Malignomen Verbreitung gefunden, die sich ohne bildgebende Verfahren oder aufwendige Untersuchungstechniken nicht einfach visualisieren lassen und die über keine oder nur unspezifische Frühsymptome verfügen. Bei den hier zur Diskussion stehenden Karzinomen des oberen Aerodigestivtraktes findet das Tumorwachstum auf den Schleimhäuten statt, die mit vergleichsweise geringem Aufwand (Mundspatel, Kehlkopfspiegel, ggf. Endoskope) einsehbar sind. Ein für derartige Tumoren nützlicher Tumormarker müsste also bereits »anschlagen«, wenn sich durch Inspektion noch kein Tumor sicher nachweisen ließe. Ansonsten wäre ein Tumormarker zum »Screening« wenig von Nutzen.
Da aber bei direkten Tumormarkern die Syntheserate eng mit der Gesamtzahl der markerproduzierenden Tumorzellen korreliert, wird leicht verständlich, dass die Suche nach geeigneten Tumormarkern für Frühkarzinome der oberen Luft- und Speisewege mit Schwierigkeiten verbunden ist.

Der ideale Tumormarker

Abbildung 1 stellt die wichtigsten Anforderungen an einen idealen Tumormarker summarisch dar.
Der ideale Tumormarker würde den (sicheren) Nachweis eines malignen Tumors in einem definierten Zielgebiet (z.B. Schleimhaut des oberen Aerodigestivtraktes) noch vor der makroskopischen Sichtbarkeit und vor dem Auftreten von Symptomen ermöglichen. Eine weitergehende Forderung wäre, dass die frühere Tumordetektion überhaupt therapeutische und/oder prognostische Relevanz hat.
Nach kurativer Therapie soll die Konzentration des Tumormarkers unter den Schwellenwert abfallen und bei anhaltender Tumorfreiheit unter dieser Schwelle bleiben (violette Kurve).
Bei einem Tumorrezidiv soll der Tumormarker noch vor dem klinischen Sichtbarwerden über den Schwellenwert ansteigen (blaugrüne Kurve).
Bei persistierendem Tumor muss der Tumormarker überschwellig bleiben, bei Progression muss es zu einer Konzentrationszunahme kommen (rote Kurve).

Abbildung 1

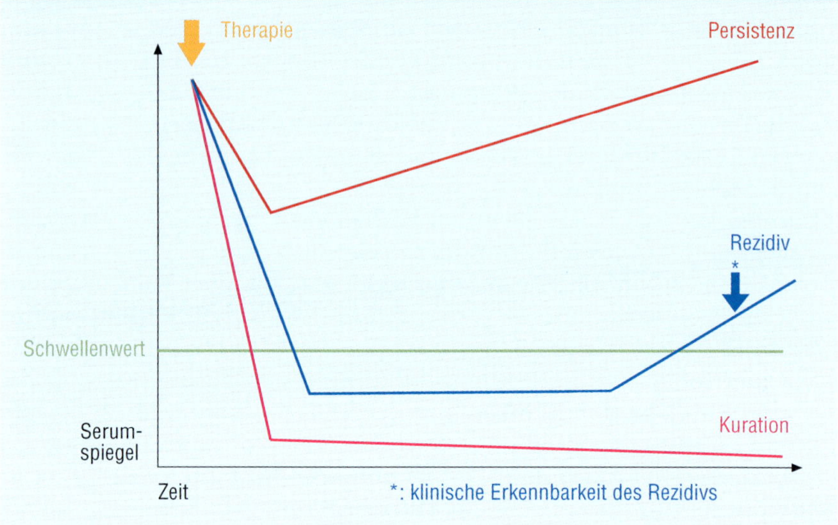

Anforderungen an einen idealen Tumormarker. Erläuterung siehe Text.

Praktische Probleme im Umgang mit Tumormarkern

In der Realität weichen alle für Kopf-Hals-Tumoren im Prinzip verwendbare Tumormarker vom obigen Idealbild ab, sodass es im Wesentlichen fünf unterscheidbare Fehlerquellen bzw. Unzulänglichkeiten gibt.

1. Tumormarker schlägt trotz vorhandenem Malignom nicht an (Abb. 2)

Obwohl ein maligner Tumor vorhanden ist und der verwendete Tumormarker für einen Tumor dieser Histologie prinzipiell geeignet sein müsste, bleiben die Tumormarkerkonzentrationen wiederholt unter dem Schwellenwert. Ein methodischer Fehler bei der Bestimmung kann ausgeschlossen werden.
Es kommen hierfür im Wesentlichen zwei Ursachen in Frage:

- Bei dem Tumor handelt es sich um einen »Non-Sekretor«, d.h. der Tumor setzt den entsprechenden Marker nicht frei, bzw. um einen »Non-Inducer«, d.h. der Tumor veranlasst nicht die Bildung von indirekten Tumormarkern aus nicht-neoplastischen Zellen.
- Die Konzentration des Tumormarkers ist (noch) so gering, dass der Schwellenwert nicht überschritten wird und der vom Tumor sezernierte bzw. induzierte Marker im »Grundrauschen« untergeht. Hierbei ist zu berücksichtigen, dass die Schwellenwerte vieler Tumormarker, die auch

Abbildung 2

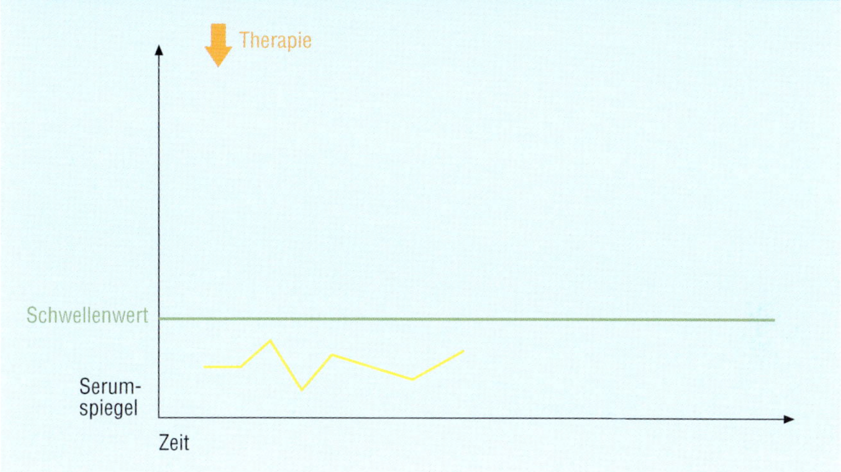

Fehlerquelle 1: Tumormarker ist insensitiv.

physiologischerweise vorkommen, nur empirisch definiert wurden, wobei der festgelegte Cut-off-Wert bei einem vorhandenen »Grundrauschen« von der Inkaufnahme falsch-positiver Ergebnisse abhängt. Entsprechend sind die Schwellen häufig in einem Intervall angegeben, wobei auch nicht-maligne Einflussfaktoren zu berücksichtigen sind (z.B. Geschlecht, Tabakkonsum bei CEA, benigne Lungenerkrankungen bei CYFRA 21-1).

2. Tumormarker ist auch nach erfolgreicher Therapie überschwellig (Abb. 3)

Ein Tumormarker, der vor Beginn der Tumortherapie überschwellig nachgewiesen wurde, bleibt auch nach augenscheinlich erfolgreicher Therapie überschwellig. In dieser Situation kann sich eine erhebliche Unsicherheit beim Therapeuten als auch beim Patienten ergeben, da vielfach nicht sicher entschieden werden kann, ob es sich um einen falsch-positiven Tumormarkerbefund handelt oder tatsächlich noch – möglicherweise an einer weiteren Lokalisation – Tumor vorhanden ist. Häufig lässt sich eine kostenintensive Diagnostik nicht vermeiden. Als Ursache für falsch-positive Tumormarkerbefunde muss das koinzidente Vorliegen einer anderen, nicht-malignen Quelle für die Markerproduktion in Betracht gezogen werden. Für die in der HNO-Onkologie relevanten Parameter kommen hier vor allem Lungenerkrankungen (COPD, Emphysem) sowie Tabak- und Alkoholkonsum in Frage.

Abbildung 3

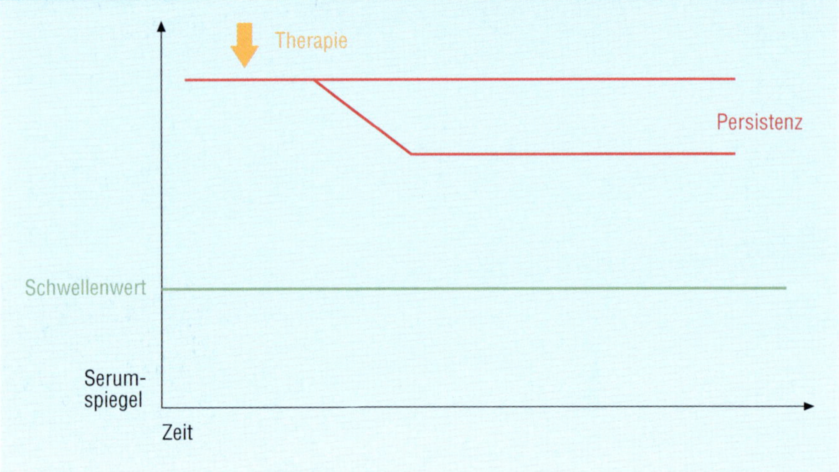

Fehlerquelle 2: Tumormarker persistiert.

3. Tumormarker ist für die Detektion von Rezidiven zu insensitiv (Abb. 4)

Wenngleich sich Tumormarker nicht zum Screening bislang unentdeckter Tumoren eignen mögen, so wäre doch ein Parameter zur frühzeitigen Erkennung von Tumorrezidiven für die Nachsorge von unschätzbarem Wert,

Abbildung 4

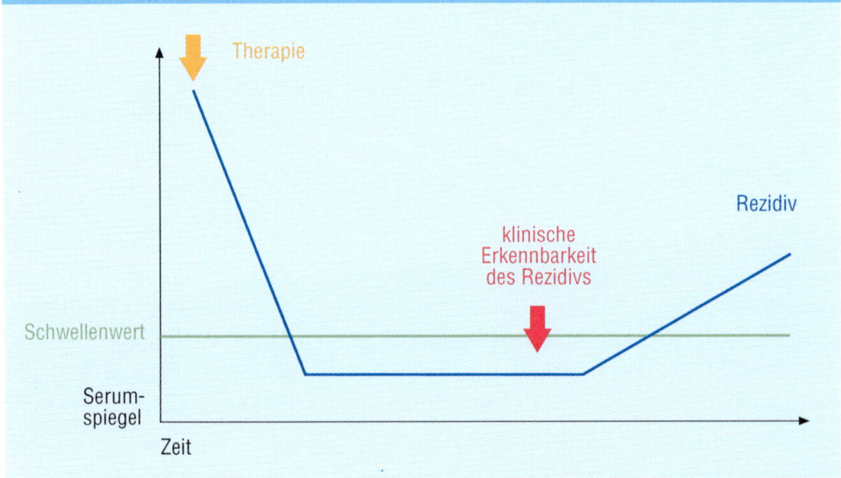

Tumormarker schlägt bei der Verlaufskontrolle zu spät an.

sofern hierdurch die Nachsorge auf eine einfach durchzuführende Blut- oder Sekretuntersuchung beschränkt werden könnte. Die Eignung mancher Tumormarker nicht als Screening-, aber als Verlaufsparameter begründet sich damit, dass anhand des diagnostizierten Tumors Rückschlüsse auf geeignete Marker möglich sind (z.B. Oberflächenantigene, Rezeptoren, Tumorsekretionsprodukte). Für den HNO-Bereich ist kein Marker in Sicht, der verlässlich eine Rezidivdiagnostik vor der klinisch sichtbaren Manifestation ermöglichen würde. Somit sind weiterhin klinisch-inspektorische Verlaufskontrollen unerlässlich.

4. Tumormarker versagt bei der Rezidivdetektion (Abb. 5)

Ein vergleichbares Problem ergibt sich, wenn sich ein Tumormarker bei der Primärdiagnostik und -therapie wie ein idealer Tumormarker verhalten hat (prätherapeutisch deutlich überschwellige Werte, posttherapeutisch rascher Abfall auf deutlich unterschwellige Werte). In einem solchen Fall sollte eigentlich davon auszugehen sein, dass der gleiche Marker bei einem Rezidiv wieder anschlägt. Da dies aber nicht immer der Fall ist, kann auch bei dieser Konstellation nicht auf klinische Nachsorgeuntersuchungen verzichtet werden.

Abbildung 5

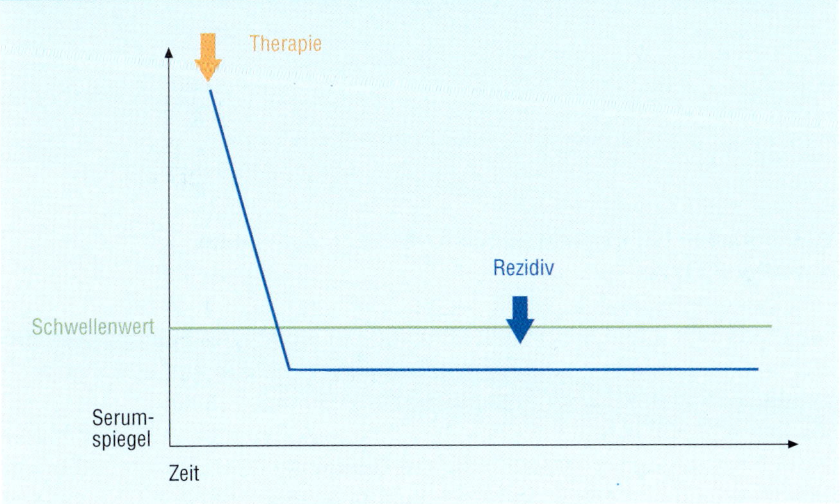

Tumormarker schlägt in der Verlaufskontrolle überhaupt nicht an.

5. Tumormarker persistiert trotz Kuration (Abb. 6)

Hier kommt es, nachdem sich der Tumormarker initial »ideal« verhalten hat, zwar zu einem posttherapeutischen Abfall, allerdings nicht unter den Schwellenwert (dunkelrote Linie) bzw. es wird im weiteren Verlauf sogar ein Anstieg beobachtet (violette Linie). Es gelten die Ausführungen bei Punkt 2 analog, d.h. es muss an einen tumorunabhängigen Syntheseort des Markers gedacht werden. Unvermeidlich sind auch hier häufig weitere differenzialdiagnostische Maßnahmen.

Abbildung 6

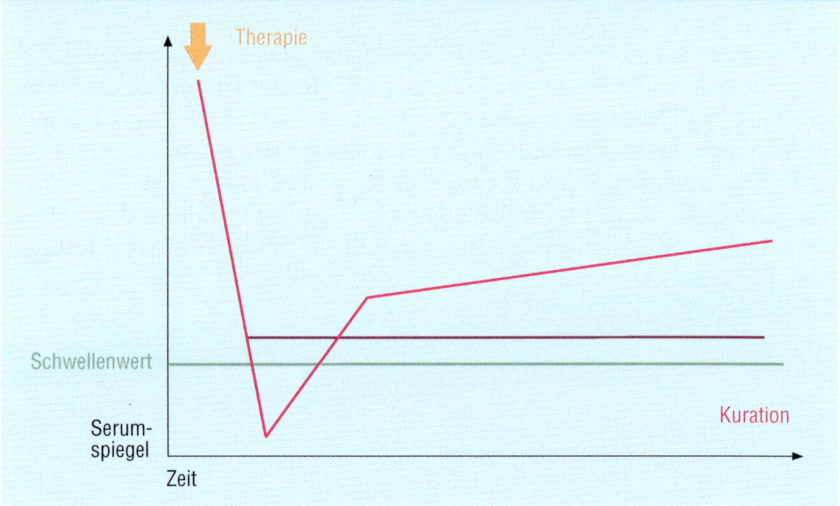

Tumormarker persistiert oder steigt trotz Abwesenheit von Tumor.

Tumormarker bei Plattenepithelkarzinomen des oberen Aerodigestivtraktes

Tabelle II gibt einen Überblick über die bei Kopf-Hals-Karzinomen bislang zur Anwendung gekommenen Tumormarker. Am weitesten verbreitet und von vielen Laboratoriumsmedizinern angebotene Tests sind die Marker SCC, CEA und CYFRA 21-1. Die anderen genannten Parameter wurden zumeist unter experimentellen Bedingungen an kleineren Patientenkollektiven eingesetzt und sind nicht ubiquitär mit Routinetechniken und zu vertretbaren Kosten zu bestimmen. Nach kritischer Würdigung der erzielten Ergebnisse kommen die jeweiligen Autoren zu der Schlussfolgerung, dass die Parameter CYFRA 18/8 und ICAM-1 sich nicht als Tumormarker für den universellen Routinegebrauch eignen. Die β-Untereinheit des humanen Choriongonadotropins, ein Glykoproteohormon mit 24 kDa Molekulargewicht und einer Halbwertszeit von 0,5 bis 1,5 Tagen erwies sich bislang in einer Untersuchung (6) als prognostisch relevanter Tumormarker; eine Bestätigung dieses Befundes in weiteren Studien steht noch aus.

Tabelle II. Tumormarker bei Karzinomen des oberen Aerodigestivtraktes.	
Parameter Tumormarker im Serum	Autor(en), Jahr
SCC	Gotschuli et al. 1998, Lachowicz et al. 1999, Thomas 2000
CEA	Ogawa et al. 1999, Thomas 2000
TPA, TPS (= M3-Protein des TPA)	Nagler et al. 1999, Thomas 2000
CYFRA 21-1 (Zytokeratin-19-Fragment)	Ogawa et al. 1999, Thomas 2000
CYFRA 18/8	Maass et al. 1997, 1999
p53-Autoantikörper	Werner et al. 1997, Gottschlich et al. 1999
β-HCG	Hedstrom et al. 1999
Glutathion-S-Transferase pi	Kobayashi 1999
IgG_1 ↓ & IgG_2 ↑	Anderhuber et al. 1998, 1999
Löslicher Interleukin-2-Rezeptor	Gottschlich et al. 1997
ICAM-1	Wollenberg et al. 1997
EBV-Serologie: Anti-EA-IgG, Anti-VCA-IgA	Tam 1999
Tumormarker im Urin	
Neopterin	Murr et al. 1998

Nachfolgend soll genauer auf die derzeit aktuellen und gebräuchlichen Marker SCC, CEA und CYFRA 21-1 eingegangen werden.

SCC

Beim »Squamous Cell Carcinoma«-Antigen handelt es sich um ein Glykoprotein mit einem Molekulargewicht von 48 kDa; SCC ist Bestandteil der Tonofibrillen der Schleimhautzellen. Der Einsatz als Tumormarker bei Zervixkarzinom, Endometriumkarzinom, Ovarialkarzinom, Vulvakarzinom, Mammakarzinom, Bronchialkarzinom, Ösophaguskarzinom, Kopf-Hals-Karzinomen, Analkarzinom, Pankreaskarzinom und sonstigen Adenokarzinomen wurde beschrieben; klinisch relevante Interferenzen treten auf bei Hämolyse, Niereninsuffizienz und unter Hämodialyse. Die Bestimmung erfolgt mittels RIA oder monoklonalem immunometrischen Assay. Als Cut-off-Wert wird je nach Bestimmungsmethode ein Intervall von ≤ 2,0–3,0 ng/ml angegeben. *Namyslowski* et al. (13) konnten eine gute Korrelation zwischen SCC-Serumspiegel und UICC-Tumorstadium zeigen (Tab. III). Zum Nutzen von SCC zur Rezidivdiagnostik finden sich gegensätzliche Literaturmitteilungen. Während *Lachowicz* et al. (8) eine Rate von 70% für die präklinische Rezidivdiagnostik von Larynxkarzinomen ermittelten, konnten *Gotschuli* et al. (5) nur in knapp 6% eine Korrelation zwischen SCC-Serumspiegel und Rezidivstatus herstellen.

Tabelle III. Korrelation zwischen SCC-Serumspiegel und UICC-Tumorstadium; nach Untersuchungen von Namyslowski et al. (13).

Marker	Serumspiegel
SCC-Ag	
Kontrollgruppe	0,79 ng/ml
Stadium I	1,52 ng/ml
Stadium II	2,16 ng/ml
Stadium III	3,03 ng/ml
Stadium IV	4,57 ng/ml

CYFRA 21-1

Bei dem als CYFRA 21-1 bezeichneten Tumormarker handelt es sich zellbiologisch um Zytokeratinfragmente, und zwar genauer um Fragmente des Zytokeratin-19, welche weder organ- noch tumorspezifisch sind, jedoch besonders im Lungengewebe vorkommen. Deshalb hat dieser Marker vor allem bei der Diagnostik des Bronchialkarzinoms Verbreitung gefunden. Das Molekulargewicht wurde zu 30 kDa bestimmt, die Halbwertszeit zu einem Tag. Die Bestimmung erfolgt mittels EIA, RIA oder immunradiometrisch. Der Cut-off-Wert liegt im Intervall zwischen 2,0 und 3,3 ng/ml. Relevante Interferenzen treten bei benignen Lungenerkrankungen und Leberzirrhose auf. Überschwellige Werte werden praktisch für alle Malignome beschrieben; CYFRA 21-1 gilt derzeit als der Tumormarker der Wahl bei nicht-kleinzelligem Bronchialkarzinom.
Für Kopf-Hals-Tumoren seien exemplarisch die vergleichenden Untersuchungen von *Ogawa* et al. (14) (Tab. IV), *Nagler* et al. (12) (Tab. V) und *Quillien* et al. (15) (Tab. VI) angeführt. Wenngleich CYFRA 21-1 jeweils die besten Ergebnisse hinsichtlich der Sensitivität erzielte, sind doch erhebliche Unterschiede in den entsprechenden Prozentsätzen zu konstatieren. Auch scheint die Kombination zweier Marker zu keiner beachtlichen Steigerung der Sensitivität zu führen (12).

Tabelle IV. Vergleich der Tumormarker SCC, CEA und CYFRA 21-1 nach Ergebnissen von Ogawa et al. (14).

Marker	Schwellenwert	% positiv
SCC-Ag	1,5 ng/ml	20,6%
CEA	2,5 ng/ml	14,0%
CYFRA 21-1	2,0 ng/ml	41,7%

Tabelle V. Vergleich der Tumormarker CYFRA 21-1 und TPS nach Ergebnissen von Nagler et al. (12).

Marker	Sensitivität	Spezifität
CYFRA 21-1	96%	87%
TPS	69%	87%

Tabelle VI. Vergleich der Tumormarker SCC, TPA und CYFRA 21-1 nach Ergebnissen von Quillien et al. (15).

Marker	Sensitivität
CYFRA 21-1	42%
TPA	40%
SCC-Ag	37%
CYFRA 21-1 & SCC-Ag	56%
TPA & SCC-Ag	58%

CEA

Das karzinoembryonale Antigen wird den onkofetalen Proteinen zugerechnet, kommt aber auch in adulten Zellen, vor allem im unteren Verdauungstrakt vor, sodass die Bezeichnung streng genommen irreführend ist. Es handelt sich um ein Glykoprotein von 180 kDa Molekulargewicht und einer Halbwertszeit von zwei bis acht Tagen. CEA ist ein bedeutsamer Tumormarker bei kolorektalen Karzinomen, wird aber auch bei praktisch allen anderen Malignomen als positiv beschrieben. Relevante Interaktionen bestehen bei Tabakkonsum, benignen Lebererkrankungen, Pankreatitis, entzündlichen Darmerkrankungen (Morbus Crohn, Colitis ulcerosa) und entzündlichen Lungenerkrankungen. Die Bestimmung erfolgt mittels spezifischer Antikörper, der Cut-off-Wert ist herstellerspezifisch und methodenabhängig. Als alleiniger Tumormarker ist CEA für Kopf-Hals-Karzinome allenfalls von begrenztem Nutzen, in Kombination mit CYFRA 21-1 oder SCC kommt dem CEA eine weitergehende Bedeutung zu.

Fazit: Welcher Tumormarker bei Plattenepithelkarzinomen des oberen Aerodigestivtraktes?

Plattenepithelkarzinome sezernieren in der Regel keine Hormone oder sonstige spezifische Marker, sodass man nur auf unspezifische Tumormarker zurückgreifen kann, die häufig noch mit benignen Grunderkrankungen und/oder dem im typischen Risikokollektiv sehr häufigen Tabakkonsum interferieren, sodass sich zwangsläufig eine Einschränkung der Spezifität ergibt.

Sofern nach den obigen grundsätzlichen Gegenargumenten überhaupt ein Tumormarker zum Einsatz kommen soll, so bietet sich im Falle der Einzelmarkerbestimmung entweder das SCC oder – nach derzeitiger Datenlage mit einem gewissen Spezifitätsvorteil – CYFRA 21-1 an. Eine kostspielige »Maximallösung« besteht in der Kombination beider Parameter. Allerdings muss nochmals betont werden, dass die endoskopische Inspektion des oberen Aerodigestivtraktes die Methode der Wahl auch zur Frühdiagnostik von Kopf-Hals-Karzinomen darstellt und bislang nicht überzeugend nachgewiesen ist, ob die Tumormarkeranalyse die Frühdiagnose eines noch nicht augenscheinlichen Tumors ermöglicht. Auch gibt es derzeit keinen Parameter, der regelmäßige klinische Nachsorgeuntersuchungen überflüssig macht. Bei jeder Tumormarkerbestimmung sollte im Vorfeld das weitere Vorgehen in Abhängigkeit vom Markerbefund überdacht werden. Dies gilt vor allem für negative Befunde, die in keinem Fall bei klinisch fortbestehendem Tumorverdacht zu Sorglosigkeit verleiten dürfen. Umgekehrt stellen aber auch positive Befunde bei fehlendem klinischen Tumorverdacht eine große differenzialdiagnostische Schwierigkeit dar.

Kein Serummarker hat sich bislang als sensitiver erwiesen als die gezielte klinisch-endoskopische Tumornachsorgeuntersuchung.

Tumormarker können zur Rezidivdiagnostik ohnehin nur dann von Benefit sein, wenn sie vor Therapie signifikant positiv waren.

Tumormarker für spezielle Tumoren

Die Assoziation des Nasopharynxkarzinoms mit dem Epstein-Barr-Virus legt es nahe, virale Antigene und Antikörper als »Tumormarker« zu verwenden. Während das Nasopharynxkarzinom in (Südost-)Asien mit EBV assoziiert zu sein scheint, ist für Krankheitsfälle in Zentraleuropa dieser Zusammenhang weniger evident. Auch die niedrige Inzidenz des Nasopharynxkarzinoms lässt ein primäres Screening wenig nutzbringend erscheinen. Allerdings eignen sich die EBV-Antigen- und -Antikörper-Nachweise zur Verlaufs- und Rezidivdiagnostik. Hierfür werden im Allgemeinen die Parameter Anti-EA-IgA, also gegen das Early Antigen des Epstein-Barr-Virus gerichtete IgA-Antikörper und Anti-VCA-IgA, also gegen das Viruskapsid-Antigen gerichtete IgA-Antikörper herangezogen (16). Einzelbefunde sind wegen der hohen Durchseuchung der Bevölkerung von geringer Aussagekraft, bedeutsam sind Antikörpertiteranstiege im zeitlichen Verlauf, sofern die Titer prätherapeutisch deutlich erhöht und posttherapeutisch rückläufig waren. Natürlich ersetzt die virologische

Diagnostik nicht die regelmäßigen klinischen und bildgebenden Nachsorgeuntersuchungen. Erwähnt sei auch noch die prognostische Relevanz des Nachweises von viralen Antigenen im Tumorgewebe (16).
Die im Kopf-Hals-Bereich selten vorkommenden neuroendokrinen Karzinome (meist »Kleinzeller«) lassen sich mittels des Tumormarkers »neuronspezifische Enolase« erfassen. Für C-Zell-Karzinome (medulläre Schilddrüsenkarzinome) der Schilddrüse eignet sich das Hormon Calcitonin als Tumormarker, bei differenzierten Schilddrüsenkarzinomen ist Thyreoglobulin ein Tumormarker der ersten Wahl. β_2-Mikroglobulin wird hauptsächlich in der Verlaufskontrolle maligner Lymphome eingesetzt.

Ausblick auf die Zukunft

Auf absehbarer Zeit dürfte kein »idealer« Tumormarker gefunden werden, der den eingangs angeführten Kriterien vollständig entspricht. Dies gilt in erster Linie für einen Marker für Screeningzwecke. Inwieweit die Suche nach Tumormarkern im Speichel bei Karzinomen des oberen Aerodigestivtraktes klinisch relevante Parameter hervorbringen kann, lässt sich noch nicht abschließend beurteilen. Zumindest dürfte im Speichel mit einem geringeren Konzentrationsgefälle als im Blut bzw. Serum zu rechnen sein.
Weit mehr Bedeutung dürfte in Zukunft molekularbiologischen und molekulargenetischen, also subzellulären Markern zukommen. Dies gilt zum einen für die Untersuchung des Tumorgewebes, zum anderen auch für den Nachweis einer generalisierten Tumordissemination in Knochenmark und peripherem Blut. Erste Daten sind schon zur Detektion von systemisch disseminierten Tumorzellen in Form des Nachweises des Markers Ep-CAM mittels PT-PCR an aspiriertem Knochenmarkblut veröffentlicht; die Empfindlichkeit des Systems wird mit 1 unter 10^5 Zellen angegeben (2). Der Nachweis von p53-Antikörpern, also gegen das Genprodukt des p53-Tumorsuppressorgens gerichtete Autoantikörper im Serum, scheint ebenfalls mit prognostischer Relevanz verbunden zu sein (3, eigene unveröffentlichte Daten).
Von den Untersuchungen an Tumorgewebe ist am ehesten die Charakterisierung prognostisch relevanter Parameter zu erwarten. Als Stichworte seien hier beispielsweise die Expression und Sekretion von Zytokinen für Gefäß- und Basalmembraninvasion sowie von Angiogenesefaktoren zu nennen.
Während Serum-Tumormarker vor allem im Rahmen von intraindividuellen Mehrfachuntersuchungen (Längsschnittuntersuchungen) von Bedeutung sind, können Untersuchungen am Tumorgewebe bereits als Einzelbeobachtung therapie- und prognoserelevante Ergebnisse hervorbringen (Tab. VII).

Tabelle VII. Prognosemarker bei Kopf-Hals-Tumoren.
Marker am Tumorpräparat
– qualitative Marker: z.B. HLA-Subtypen, Blutgruppen-Antigene – quantitative Marker: z.B. p53, Zytokeratine, lymphozytäre Infiltration … erlauben im Vergleich mit statistischem Datenmaterial eine Abschätzung der zu erwartenden Prognose anhand einer *Einmalbeobachtung*
Serummarker
– quantitative Marker: z.B. SCC-Ag, CYFRA 21-1, … erlauben Erkennen einer Tumorprogression bzw. eines Tumorrezidivs anhand *Mehrfachbeobachtungen* im zeitlichen Verlauf

Literatur

1 Anderhuber W, Steinschifter W, Schauenstein E, Gotschuli A, Habermann W, Fischer M, Felsner P, Schauenstein K (1999) The IgG1/G2 subclass shift – a sensitive, tissue non-specific marker for malignancy. Diagnostic performance with squamous cell carcinoma of the head and neck. Br J Cancer 79: 1777–1781

2 Chaubal S, Wollenberg B, Kastenbauer E, Zeidler R (1999) Ep-CAM – a marker for the detection of disseminated tumor cells in patients suffering from SCCHN. Anticancer Res 19: 2237–2242

3 Gottschlich S, Folz BJ, Goeroegh T, Lippert BM, Maass JD, Werner JA (1999) A new prognostic indicator for head and neck cancer – p53 serum antibodies? Anticancer Res 19: 2703–2705

4 Gottschlich S, Goeroegh T, Lippert BM, Niemann AM, Folz BJ, Werner JA (1997) The soluble interleukin-2 receptor – a marker for squamous cell carcinoma of the upper aerodigestive tract. Anticancer Res 17: 2921–2922

5 Gotschuli A, Anderhuber W, Danninger R, Habermann W (1998) Das SCC-Antigen ist kein verlässlicher Tumormarker im HNO-Bereich. Stellenwert des Squamous Cell Carcinoma Antigen bei Diagnose und Verlaufskontrolle von Plattenepithelkarzinomen im Kopf-Hals-Bereich. Ergebnisse einer retrospektiven Studie über einen Zeitraum von 6 Jahren. Laryngorhinootologie 77: 165–167

6 Hedstrom J, Grenman R, Ramsay H, Finne P, Lundin J, Haglund C, Alfthan H, Stenman UH (1999) Concentration of free hCGbeta subunit in serum as a prognostic marker for squamous-cell carcinoma of the oral cavity and oropharynx. Int J Cancer 84: 525–528

7 Kobayashi Y (1999) [A study on diagnosis of oral squamous cell carcinoma (oral SCC) by glutathione S-transferase-pi (GST-pi)]. Kokubyo Gakkai Zasshi 66: 46–56 (Abstract in englischer Sprache)

8 Lachowicz MA, Hassmann-Poznanska E, Kozlowski MD, Rzewnicki I (1999) Squamous cell carcinoma antigen in patients with cancer of the larynx. Clin Otolaryngol 24: 270–273

9 Maass JD, Niemann AM, Lippert BM, Gottschlich S, Folz BJ, Werner JA (1999) CYFRA 8/18 in head and neck cancer. Anticancer Res 19: 2699–2701

10 Maass JD, Niemann AM, Lippert BM, Gottschlich S, Folz BJ, Werner JA (1997) Nachweis serumlöslicher Fragmente der Zytokeratine 8 und 18 bei Patienten mit Plattenepithelkarzinomen der oberen Luft- und Speisewege. Laryngorhinootologie 76: 554–558

11 Murr C, Berchtold J, Norer B, Waldhart E, Wachter H, Fuchs D (1998) Neopterin as a prognostic parameter in patients with squamous-cell carcinomas of the oral cavity. Int J Cancer 79: 476–480

12 Nagler RM, Barak M, Peled M, Ben-Aryeh H, Filatov M, Laufer D (1999) Early diagnosis and treatment monitoring roles of tumor markers Cyfra 21-1 and TPS in oral squamous cell carcinoma. Cancer 85: 1018–1025
13 Namyslowski G, Klimala J, Kokocinska D, Misiolek M (1997) Squamous cell carcinoma antigen levels in patients with different stages of laryngeal cancer. Eur Arch Otorhinolaryngol (suppl): S154–156
14 Ogawa T, Tsurusako Y, Kimura N, Nishioka S, Akagi H, Nishizaki K, Nishioka K, Rutka J (1999) Comparison of tumor markers in patients with squamous cell carcinoma of the head and neck. Acta Otolaryngol 540 (suppl): 72–76
15 Quillien V, Raoul JL, Laurent JF, Meunier B, Le Prise E (1998) Comparison of Cyfra 21-1, TPA and SCC tumor markers in esophageal squamous cell carcinoma. Oncol Rep 5: 1561–1565
16 Tam JS (1999) Epstein-Barr virus serological markers In: van Hasselt CA, Gibb AG (eds) Nasopharyngeal carcinoma; 2nd ed. The Chinese University Press, Hong Kong, p 161–176
17 Thomas L (2000) Tumormarker – Labor und Diagnose; 5. Aufl. TH-Books, Frankfurt, S 956–1019
18 Werner JA, Gottschlich S, Folz BJ, Goeroegh T, Lippert BM, Maass JD, Rudert H (1997) p53 serum antibodies as prognostic indicator in head and neck cancer. Cancer Immunol Immunother 44: 112–116
19 Wollenberg B, Jan N, Sautier W, Hofmann K, Schmitt UM, Stieber P (1997) Serum levels of intercellular adhesion molecule-1 in squamous cell carcinoma of the head and neck. Tumour Biol 18: 88–94

Die operative Behandlung des Rezidivtumors im Kopf-Hals-Bereich

F. Bootz
Klinik und Poliklinik für Hals-, Nasen-, Ohrenheilkunde,
Universitätsklinikum Leipzig

Einleitung

Der operativ tätige HNO-Arzt ist häufig mit Rezidiven maligner Tumoren konfrontiert. Plattenepithelkarzinome der Mundhöhle zeigen z.B. eine Rezidivrate von 25–48%. Meist sind eine Strahlentherapie, Operation oder beides vorausgegangen. Das Rezidiv muss vom Residualtumor unterschieden werden. Beim Residualtumor konnte der Tumor trotz maximaler Therapie – wenn diese unter histologischer Randschnittkontrolle erfolgte – nicht vollständig entfernt bzw. durch Bestrahlung zerstört werden. Bei exakter primärer Indikationsstellung zur Operation und Bestrahlung bestehen beim Residualtumor meist keine weiteren Therapieoptionen außer palliativen Maßnahmen, wie z.B. Tumorverkleinerung, interstitielle Radiotherapie oder Chemotherapie. Eine Ausnahme hiervon macht die minimal invasive funktionserhaltende Chirurgie des Kehlkopfes bzw. auch die unter funktionellen Gesichtspunkten durchgeführte primäre Bestrahlung. Hier kann beim Residualtumor eine sog. Rettungschirurgie (Salvage-Surgery) z.B. in Form einer totalen Laryngektomie zum Einsatz kommen. Dies bedeutet jedoch in der Regel eine Verschlechterung der Prognose. Beim Rezidivtumor liegt zwischen der Beendigung der Therapie mit vollständiger Remission und Auftreten des Rezidivs ein tumorfreier Zeitraum. Je näher das Auftreten des Rezidivs an der Beendigung der Primärtherapie liegt, desto eingeschränkter sind die operativen Möglichkeiten und desto schlechter ist im Allgemeinen die Prognose. Die Möglichkeiten der operativen Therapie werden v.a. durch eine vorausgegangene Strahlentherapie, aber auch Operation beeinflusst (4, 10). Das operative Vorgehen ist in solchen Fällen sehr anspruchsvoll, da das Gewebe meist stark induriert und vernarbt ist. Das Risiko postoperativer Komplikationen ist deutlich erhöht. Besonders gefürchtet ist die spontane Ruptur der A. carotis. Oft entstehen durch die operative Rezidiventfernung große Defekte, die plastisch rekonstruktiv verschlossen werden müssen. Lokales Gewebe kommt insbesondere bei bestrahlten Patienten nicht zur Anwendung, da dies durch Bestrahlung und operationsbedingte Vernarbung meist schwer geschädigt ist. Man muss daher auf

Rekonstruktionen mit Transplantaten aus entfernteren Regionen (Fernlappen) ausweichen. Hierzu stehen Insellappen, wie z.B. der Pectoralis-major-Lappen (1), zur Verfügung. Daneben werden mikrovaskulär reanastomosierte Transplantate eingesetzt (2, 3). Bei dieser Rekonstruktionsvariante, die meist zur Primärbehandlung herangezogen wird, muss berücksichtigt werden, dass der Gefäßstatus des Patienten eine Mikrogefäßanastomose erlauben muss, was bei bestrahlten und operierten Patienten oft nicht mehr der Fall ist.
Neben der Intention einer vollständigen Tumorresektion kann bei der Behandlung des Rezidivtumors auch ein palliativer Eingriff zum Funktionserhalt sinnvoll sein. Insbesondere kann bei Kehlkopf- und Hypopharynxkarzinomen ein laserchirurgisches Tumordebulking zum Aufrechterhalten der Atem- und Schluckfunktion und zum Vermeiden einer Tracheotomie durchgeführt werden. Bei der Behandlung von Rezidivtumoren ist von Bedeutung, ob Lymphknotenmetastasen oder gar Fernmetastasen vorhanden sind. Beim Vorliegen von Fernmetastasen ist die Indikation zur operativen Primärtumorentfernung sehr streng zu stellen und vom Ausmaß und der Behandelbarkeit der Metastase abhängig. Die operative Behandlung von Rezidiv-Lymphknotenmetastasen ist nur dann möglich, wenn Strukturen wie die Schädelbasis, die A. carotis u.a. nicht infiltriert sind.

Operative Rezidivbehandlung verschiedener Regionen des Kopf-Hals-Bereiches (Abb. 1–5)

Gesicht (äußere Kopf-Hals-Region)

Die Behandlung von Rezidiven im äußeren Kopf-Hals-Bereich ist oft dadurch erschwert, dass bereits bei der Erstoperation Rekonstruktionsverfahren mittels lokaler Lappenplastiken eingesetzt wurden und damit nicht mehr zur Verfügung stehen. In diesen Fällen kommen hauptsächlich Fernlappen, insbesondere mikrovaskulär reanastomosierte Transplantate, zum Einsatz, die v.a. bei großflächigen Defekten eine ideale Rekonstruktionsvariante darstellen. Ihr Nachteil ist jedoch, dass sie sich in Farbe und Textur von der umgebenden Haut deutlich unterscheiden und dadurch kosmetisch etwas ungünstig sind. Die operative Behandlung von Rezidiven der Ohrmuschel führt häufig zu einer Ablatio auris. Ein Teilaufbau der Ohrmuschel ist chirurgisch meist zufriedenstellend mit lokalen Lappenplastiken zu bewerkstelligen. Der komplette Wiederaufbau der Ohrmuschel ist hingegen schwierig und führt meist zu kosmetisch unbefriedigenden Ergebnissen. Als günstige Alternative bietet sich in diesen Fällen eine Rehabilitation mit Epithesen an, die vorzugsweise im Knochen verankert werden. Neben den ansprechenden kosmetischen Ergebnissen besteht ein weiterer Vorteil in der schnellen Rehabilitation.

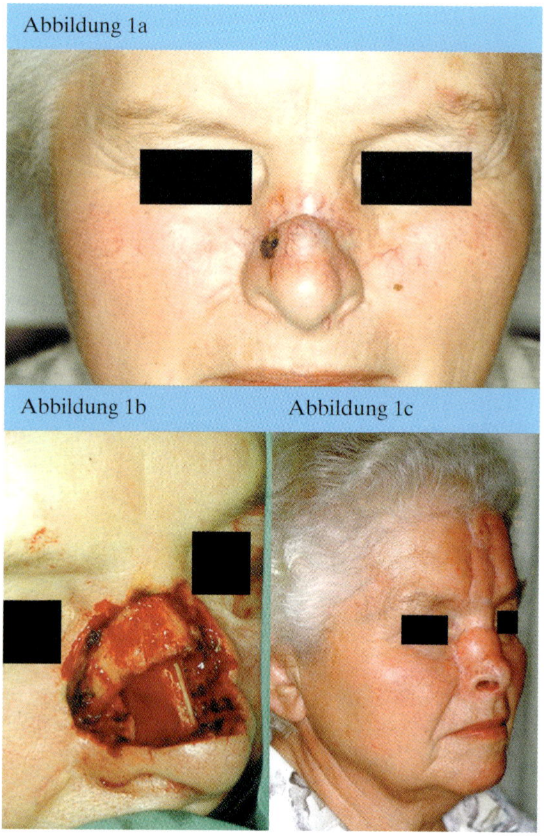

Resektion eines Rezidivtumors (a) an der äußeren Nase (b) und Rekonstruktion mit einem Stirnlappen (c).

Nase, Nasennebenhöhlen

Eine Zerstörung des Nasengerüstes durch ein Tumorrezidiv bedeutet eine besondere Herausforderung in der rekonstruktiven Chirurgie. Der Aufbau des Nasengerüstes kann mit Rippenknorpel erfolgen und die Rekonstruktion der äußeren Kontur mit einem Stirnlappen, falls dieser nicht bereits bei der Voroperation eingesetzt wurde. Steht der Stirnlappen nicht mehr zur Verfügung, so bevorzugen wir den Einsatz mikrovaskulärer Transplantate, insbesondere den Unterarmlappen. Bei einer vollständigen Ablatio nasi können auch ebenso wie bei einer Ablatio auris Epithesen eingesetzt werden, die oft zu besseren Ergebnissen führen als andere rekonstruktive Techniken. Bei Tumorrezidiven der inneren Nase und der Nasennebenhöhlen muss deren mögliche Ausdehnung in Richtung Schädelbasis, Orbita, Oberkiefer und andere benachbarte Regionen berücksichtigt werden. Bei intrakranieller Ausdehnung sollten diese Tumoren in Kooperation mit dem Neurochirurgen operiert werden. Bei vorausgegan-

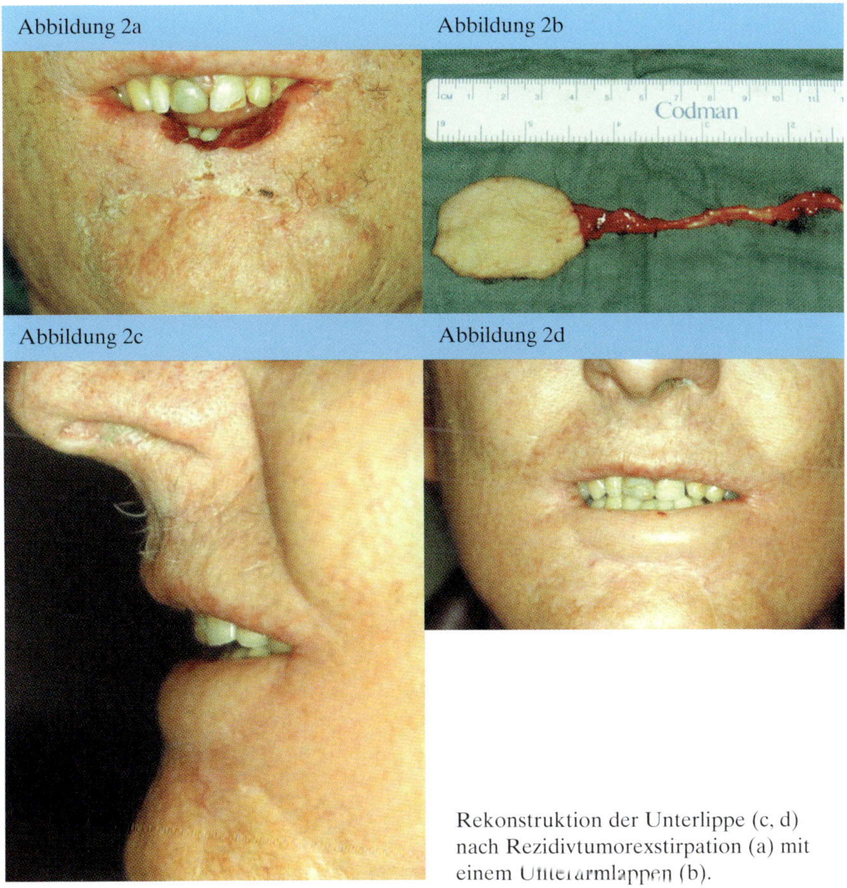

Rekonstruktion der Unterlippe (c, d) nach Rezidivtumorexstirpation (a) mit einem Unterarmlappen (b).

gener Bestrahlung können jedoch erhebliche Komplikationen, wie z.B. eine Osteomyelitis, auftreten, die therapeutisch oft nur schwer zu beherrschen sind. Auch rekonstruktive Verfahren kommen im Bereich der inneren Nase, der Nasennebenhöhlen und der vorderen Schädelbasis zum Einsatz. Insbesondere bei großen Defekten der Schädelbasis und zur Obliteration der Orbita und der Operationshöhle hat sich der Latissimus-dorsi-Muskellappen als günstig erwiesen.

Lippen und Mundhöhle

Die chirurgische Therapie des Lippenkarzinomrezidivs ist durch die eingeschränkten rekonstruktiven Möglichkeiten bei vorausgegangener Rekonstruktion gekennzeichnet. Bei Infiltration des Kieferknochens gelangt

Abbildung 3a

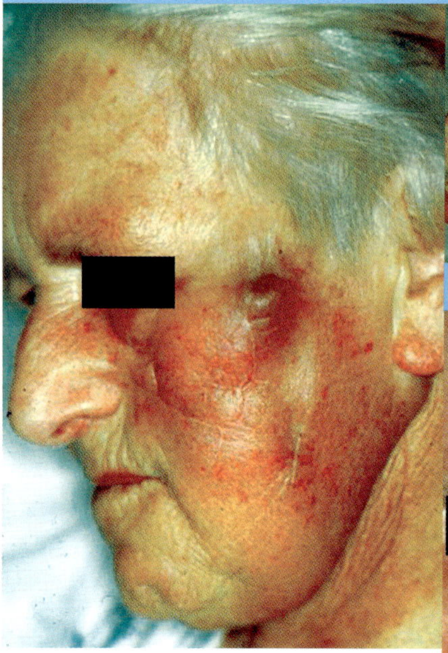

Abbildung 3b

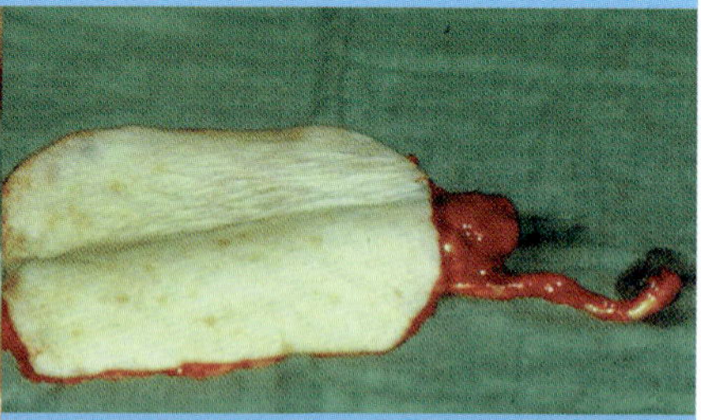

Abbildung 3c

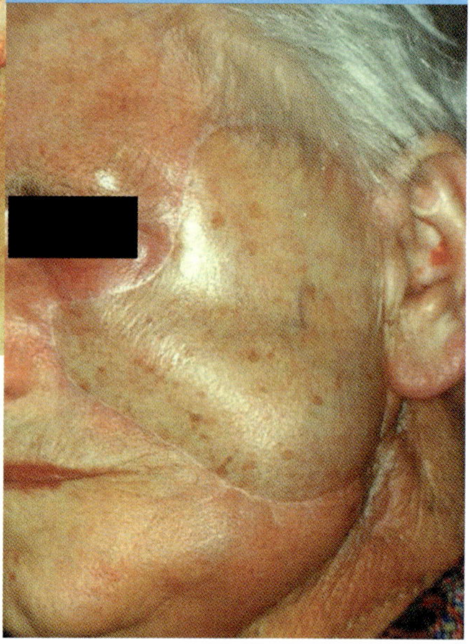

Resektion eines ausgedehnten Tumorrezidivs an der linken Wange (a). Rekonstruktion (c) mit einem Unterarmlappen (b).

die Operabilität an ihre Grenzen. Zwar kann auch in solchen Fällen eine Rekonstruktion vorgenommen werden, und zwar vorzugsweise mit einem Beckenkammtransplantat, da aber die Prognose bei so ausgedehnten Rezidiven schlecht ist, muss ein derart mutilierender Eingriff wohl überlegt werden. Die Resektion von Tumorrezidiven aus der Mundhöhle hinterlässt meist funktionell beeinträchtigende Defekte. Die Möglichkeiten der Rekonstruktion mit lokalem Gewebe sind eingeschränkt, zumal meist bei der Erstoperation diese Verfahren bereits angewandt wurden. Auch in diesen Situationen haben sich mikrovaskuläre Gewebetransplantate als günstig erwiesen. In manchen Fällen stehen jedoch keine Anschlussgefäße zur Verfügung, sodass auf gestielte regionäre Lappen, wie z.B. den Pectoralis-major-Lappen, ausgewichen werden muss. Diese Transplantate haben jedoch den Nachteil, dass der Gefäßstiel sehr voluminös ist. Bei

Abbildung 4a Abbildung 4b

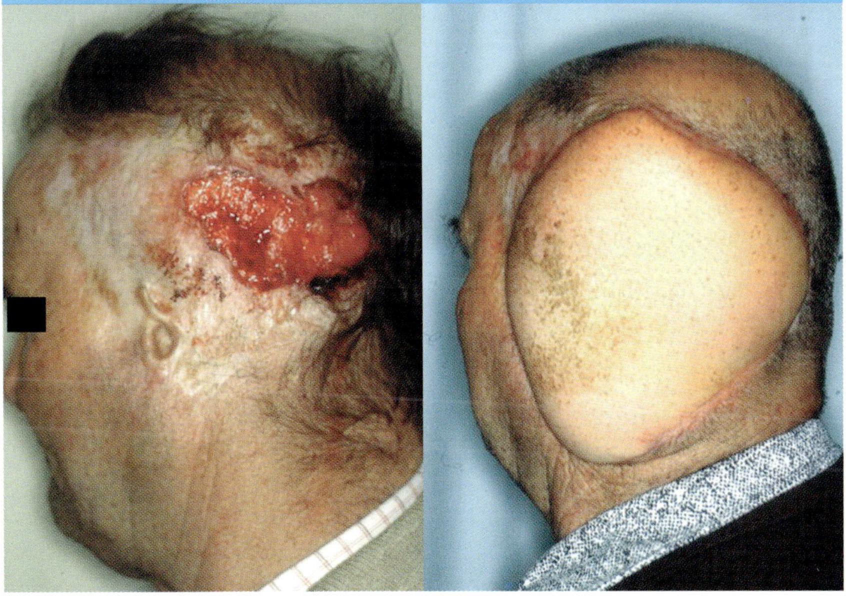

Resektion eines ausgedehnten Rezidivs eines spinozellulären Karzinoms der Ohrmuschel (a) und Rekonstruktion mit Latissimus-dorsi-Lappen (b).

voroperierten Patienten kann es zu Problemen im Halsbereich kommen, der durch Narbenbildung nur wenig Platz für den Gefäßstiel bietet. In solchen Fällen muss dieser mit Spalthaut gedeckt werden. Auch im Bereich der Mundhöhle kann dieses Transplantat durch sein ausgeprägtes Volumen das Einnähen deutlich erschweren.

Speicheldrüsen

Bei der operativen Therapie von Rezidiven der Ohrspeicheldrüse muss in Abhängigkeit von der Infiltration des N. facialis dieser reseziert, teilreseziert und in Abhängigkeit von der Resektion rekonstruiert werden. Die Rekonstruktion des Nerven kann durch Interposition eines Nervensegments aus dem N. suralis erfolgen. Aus onkologischen Gründen wird von dem Einsatz eines Transplantats aus dem N. auricularis magnus abgeraten. Bei weit nach peripher reichenden Tumoren ist meist eine Nervrekonstruktion aufgrund fehlender Nervenanschlussäste nicht möglich. Eine sekundäre Rekonstruktion in Form von Zügelplastiken, Muskeltranspositionen sollte zu einem späteren Zeitpunkt erfolgen. Für den Fall einer Infiltration des aufsteigenden Unterkieferastes ist eine Resektion

Abbildung 5a

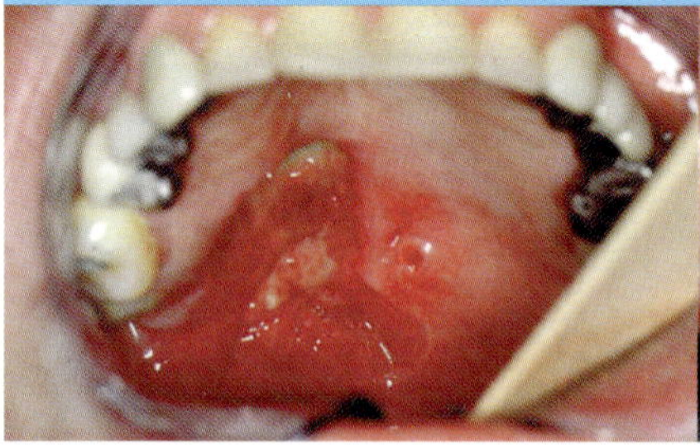

Abbildung 5b

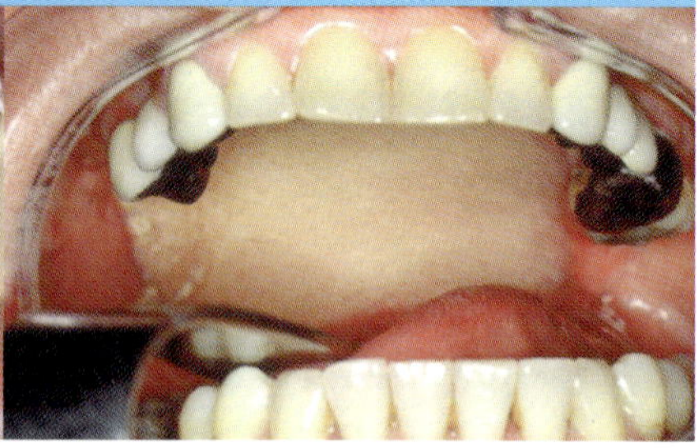

Resektion eines Tumorrezidivs (a) vom weichen Gaumen und Rekonstruktion mit einem Unterarmlappen (b).

vorzunehmen. In diesen Fällen muss eine zahnärztliche/kieferorthopädische Behandlung erfolgen. Bei einer Infiltration der Haut erfolgt nach Hautresektion eine plastische Rekonstruktion entweder mit lokalen Lappenplastiken oder mit Fernlappen.

Oropharynx

Rezidive des Oropharynx erfordern meist aufwendige operative Techniken, einschließlich rekonstruktiver Verfahren. Der Zugang zum Oropharynx kann wegen der besseren Übersichtlichkeit von transzervikal (laterale Pharyngotomie) erfolgen. Bei bestrahlten Patienten ist die Präparation deutlich erschwert und die Gefahr des Auftretens einer orokutanen Fistel groß. Tumorrezidive des weichen Gaumens sollten zusätzlich über einen transoralen Zugang reseziert werden.
Nach der Resektion von Karzinomrezidiven des weichen Gaumens ist immer eine Rekonstruktion notwendig, um schwerwiegende funktionelle Beeinträchtigungen, wie offenes Näseln und nasales Regurgitieren, zu verhindern. In diesen Fällen haben sich nach unserer Erfahrung ausschließlich fasziokutane Transplantate, wie der Unterarmlappen oder alternativ der Oberarmlappen, als günstiges Transplantat erwiesen, das zu funktionell guten Ergebnissen führt.

Hypopharynx

Die Indikation zur operativen Therapie des Hypopharynxkarzinomrezidivs ist nur in wenigen Fällen aus kurativer Sicht gegeben. In vielen Fällen kann lediglich eine palliative Tumorverkleinerung zur Verbesserung der Schluck- und Atemfunktion beitragen.

Die operative Therapie von Rezidiven eines Hypopharynxkarzinoms erfordert meist eine Pharyngolaryngektomie, bei Ausdehnung des Tumors in den zervikalen Ösophagus eine Pharynolaryngoösophagektomie. Dadurch kommt es zu einer Unterbrechung des oberen Speiseweges vom Oropharynx zum zervikalen Ösophagus. Um die Kontinuität wieder herzustellen, stehen verschiedene Verfahren zur Verfügung. Lokoregionäre Lappenplastiken, wie z.B. Pectoralis-major- (1) und Deltopektorallappen (6), sollten nur dann eingesetzt werden, wenn Rekonstruktionsmaßnahmen mit mikrovaskulär reanastomosierten Transplantaten nicht möglich sind (8). An mikrovaskulären Transplantaten stehen das freie Jejunumsegment oder der von uns favorisierte Unterarmlappen (2, 3, 7, 9) zur Verfügung. Der Unterarmlappen wird U-förmig an die prävertebrale Faszie genäht und nach kranial mit dem Oropharynx und nach kaudal mit dem zervikalen Ösophagus verbunden. Da die Prognose des Hypopharynxkarzinoms, insbesondere des Rezidivtumors, als sehr ungünstig einzustufen ist, sollte eine ausgedehnte Resektion nur dann vorgenommen werden, wenn ein adäquates Rekonstruktionsverfahren zur Verfügung steht.

Larynx

Rezidive von Larynxkarzinomen können sowohl nach laserchirurgischen Verfahren als auch nach Laryngektomie bzw. nach primärer Bestrahlung auftreten. Kleine Rezidivtumoren, die z.B. nach laserchirurgischen Verfahren entstehen, können erneut mit Hilfe des CO_2-Lasers entfernt werden. Bei ausgedehnteren Tumorrezidiven ist meist eine Laryngektomie notwendig. Beim Übergreifen des Tumors auf den Hypopharynx wird eine Teilpharyngektomie bzw. eine totale Pharyngektomie mit den oben beschriebenen Rekonstruktionsmaßnahmen notwendig. Tumorrezidive, die in den subglottischen Bereich ziehen, erfordern zusätzlich eine Teilresektion der Trachea. Rezidive im Bereich des Tracheostomas bedürfen meist einer weitreichenden Resektion, einschließlich der Haut über dem Tracheostoma und eines Teils des Manubrium sterni.
Eine häufige Komplikation einer Salvage-Laryngektomie ist das Auftreten einer pharyngokutanen Fistel, deren Behandlung sich als sehr schwierig erweist. Selten kommt es zu einem spontanen Verschluss, sodass aufwendige rekonstruktive Verfahren mit lokoregionären Lappenplastiken eingesetzt werden müssen.

Palliative Resektion von Rezidivtumoren

Die operative palliative Tumortherapie beschränkt sich auf funktionelle Indikationen zum Aufrechterhalten der Atem- und Schluckfunktion. Hier kommen v.a. laserchirurgische Verfahren zur Tumorreduktion in Frage. Hauptsächlich sind der Kehlkopf und der Hypopharynx betroffen. Bei einer Tumorarrosionsblutung kann eine Gefäßunterbindung im Bereich der Äste der A. carotis externa erfolgen. Tumorreduktion vor einer geplanten Bestrahlung sollte nur aus funktioneller Indikation erfolgen. Aus kosmetischen Gründen sehen wir keine Indikation zur palliativen, operativen Tumortherapie, z.B. bei ausgedehnten exulzerierten Lymphknotenmetastasen. Ein palliativer Eingriff kann auch bei bekannten Fernmetastasen und resektablem Primärtumor sinnvoll sein.

Diskussion

Bei der operativen Behandlung des rezidivierenden Malignoms im Kopf-Hals-Bereich muss bei der Indikationsstellung die Prognose des Patienten berücksichtigt und zum Grad der durch den Eingriff entstehenden Mutilation abgewogen werden. Nach einer Metaanalyse von *Goodwin* et al. (5) ist bei der Rezidivchirurgie von Kopf-Hals-Malignomen die mittlere krankheitsfreie Überlebensrate, ermittelt an 109 Patienten, 17,9 Monate. Hierbei zeigt sich eine hohe Korrelation mit dem Stadium des Rezidivtumors. Kann ein Tumorrezidiv nicht in sano reseziert werden, so darf die Entstellung, die durch die Tumorentfernung entstehen würde, nur gering sein. In diesen Fällen bieten sich palliative Maßnahmen in Form laserchirurgischer Verfahren zur Tumorverkleinerung und zum Funktionserhalt der Atmung, der Stimme und des Schluckens an. Kann ein Tumorrezidiv kurativ chirurgisch behandelt werden, so sind durch die häufig entstandenen großen operativen Defekte Rekonstruktionsverfahren erforderlich. Nach unserer Erfahrung hat sich zur Rekonstruktion der Unterarmlappen als besonders günstig erwiesen. Bei rekonstruktiven Verfahren ist zu berücksichtigen, dass der Defekt an der Entnahmestelle des Transplantates gering sein soll. Dies ist v.a. beim Einsatz von Deltopektorallappen und Pectoralis-major-Lappen zu berücksichtigen, die nicht unerhebliche kosmetische Beeinträchtigungen an der Thoraxwand nach sich ziehen können. Sie haben jedoch den Vorteil, dass sie unabhängig vom Gefäßstatus des Patienten eingesetzt werden können. Mikrovaskuläre Transplantate hingegen benötigen entsprechende Anschlussgefäße im Halsbereich, die in manchen Fällen durch vorausgehende Therapie (Bestrahlung/Operation) nicht vorhanden oder in einem schlechten Zustand sind. Da nicht nur die Prognose ungünstig, sondern auch die Komplikationsraten der operativen Therapie des Rezidivtumors erhöht sind, muss der Nutzen einer solchen Therapie exakt abgewogen werden.

Literatur

1 Ariyan S (1979) The pectoralis major myocutaneous flap. A versatile flap for reconstruction in the head and neck. Plast Reconstr Surg 63:73–81
2 Bootz F, Müller GH (1988) Mikrovaskuläre Gewebetransplantation im HNO-Bereich. HNO 36: 456–461
3 Bootz F, Preyer S (1994) Mikrovaskuläre Gewebetransplantation zur plastischen Rekonstruktion des äußeren Kopf-Hals-Bereiches. Laryngorhinootologie 73: 538–542
4 Ganly I, Kaye SB (2000) Recurrent squamous-cell carcinoma of the head and neck: overview of current therapy and future prospects. Ann Oncol 11: 11–16
5 Goodwin WJ Jr (2000) Salvage surgery for patients with recurrent squamous cell carcinoma of the upper aerodigestive tract: when do the ends justify the means? Laryngoscope 110: 1–18
6 Mendelson BC, Woods JE, Masson JK (1977) Experience with the deltopectoral flap. Plast Reconstr Surg 59: 360–365
7 Mühlbauer W, Herndl E, Stock W (1982) The forearm flap. Plast Reconstr Surg 70: 336–344
8 Plinkert PK, Bootz F, Zenner HP (1993) Differentialindikation von freien und gestielten Transplantaten in der Wiederherstellungs-Chirurgie des Kopf-Hals-Bereiches. Laryngorhinootologie 72: 537–544
9 Urken ML, Weinberg H, Buchbinder D et al (1994) Microvascular free flaps in head and neck reconstruction. Report of 200 cases and review of complications. Arch Otolaryngol Head Neck Surg 120: 633–640
10 Watson JC, Ridge JA (1998) Surgical management of local and regional recurrent head and neck squamous cell carcinoma. Curr Opin Oncol 10: 207–212

Radiotherapie und kombinierte Verfahren

T. G. Wendt
Abteilung Strahlentherapie, Klinik und Poliklinik für Radiologie, Friedrich-Schiller-Universität Jena

Einleitung

Karzinome im Kopf-Hals-Bereich können in etwa 30–50% langfristig geheilt werden. Krankheitsrückfälle sind in erster Linie auf ein lokoregionäres Rezidiv zurückzuführen. Insbesondere bei primär kleineren, prognostisch günstigen Tumoren spielen auch Zweitkarzinome eine wichtige Rolle. Sie treten bei etwa 25% der langzeitüberlebenden Patienten auf (15). Beide Situationen sind schwierig zu therapieren, wenn die neue Manifestation im vorbestrahlten Volumen auftritt. Dagegen ist die Radiotherapie bei einem nach ausschließlicher Resektion aufgetretenen Rezidiv in der Regel mit gleicher Technik, Dosierung und Fraktionierung wie im Anschluss an eine primäre Operation durchzuführen.
Die Operation stellt für ausgesuchte Patienten, insbesondere mit primär kleinem Tumor, eine therapeutische Option dar. Das Lokalrezidiv eines infolge Tumorausdehnung primär nicht resezierbaren Tumors wird jedoch nur in Ausnahmefällen onkologisch radikal resezierbar sein. Daher wird häufig die zytostatische Chemotherapie mit palliativem Therapieziel eingesetzt, auch wenn keine Fernmetastasen vorliegen. Mit der Polychemotherapie werden Remissionsraten von 50% erreicht, allerdings übersteigen die Remisssionsdauern nur selten vier bis sechs Monate. Neue Substanzen wie Paclitaxel erbrachten bisher keine Verbesserung der Ergebnisse, wie ein Vergleich mit historischen Daten, erreicht mit Bleomycin und CMF, zeigt (5, 12). Die erzielbaren medianen Überlebensdauern liegen bei etwa 6 bis 8 Monaten und damit nur gering über dem Spontanverlauf.
Auch in der Therapie des lokalen Rezidivs oder des Zweitkarzinoms in vorbestrahlten Volumen besitzen lediglich Chirurgie und Strahlentherapie ein kuratives Potenzial. Wird dagegen z.B. bei eingetretener Fernmetastasierung ausschließlich ein palliatives Ziel verfolgt, z.B. zur Verminderung von Schmerzen oder von Schluckstörungen, so kann auch eine zytostatische Chemotherapie die Lebensqualität verbessern helfen.

Indikationen zur Radiotherapie

Die Indikation zur Strahlentherapie beim Rezidiv hängt entscheidend von der vorausgegangenen Therapie ab. Bei Patienten, die, aus welchen Gründen auch immer, keine postoperative Bestrahlung nach der primären Operation erhielten, wird von wenigen Ausnahmen (z.B. Fernmetastasen) abgesehen, eine Radiotherapie nach der Rezidivoperation in Betracht ziehen zu sein. Bei Patienten, die entweder ausschließlich oder postoperativ bestrahlt wurden, und entweder ein Rezidiv oder einen Zweittumor im Zielvolumen oder in einem sonst hochdosiert vorbestrahlten Volumen entwickeln, muss die Indikation individuell gestellt werden. Die Rezidivtherapie ist weit weniger standardisiert als die Primärtherapie. Bei der individuellen Therapieentscheidung fließen neben den objektiven Faktoren auch persönliche Aspekte des Patienten ein, der das im Vergleich zur ersten Bestrahlung im Rahmen der Primärtherapie erhöhte Risiko von Therapiefolgen im Falle einer langfristigen Remission zu tragen hat.
Nach vorausgegangener Strahlentherapie sind nicht alle Rezidivtumoren für eine Rebestrahlung mit kurativer Intention und hoher Gesamtdosis geeignet. Entscheidend für die Indikationsstellung ist das Therapieziel. Für hochdosierte Rebestrahlungen mit kurativem Ziel müssen bestimmte Voraussetzungen erfüllt sein. Geeignet sind Tumoren mit kleiner Ausdehnung (rT1,2). Die Ergebnisse nach Rezidivbestrahlungen von rT3-Tumoren in Nasopharynx mit lokalen Tumorkontrollraten von nur 12% nach fünf Jahren (14) bestätigen diese Therapiemaxime. Bei Plattenepithelkarzinomen anderer Lokalisationen im Kopf-Hals-Bereich erwies sich das bestrahlte Volumen (< 650 ml vs. > 650 ml; p = 0,03) als prognostischer Faktor (6). Maximal dosierte Vorbestrahlung (z.B. 70 Gy und höher) ist mit einer Zunahme der subakuten und chronischen Morbidität verbunden und stellt eine relative Kontraindikation gegen eine hochdosierte Zweitbestrahlung dar. Bestimmte anatomische Strukturen wie die Mandibula und der Mundboden scheinen keine hohe Strahlentoleranz zu besitzen und sollen von Rebestrahlungen ausgenommen werden (19).
Patienten mit primär inoperablen Tumoren, die ein lokales Rezidiv typischerweise nach kurzem Intervall von weniger als zwei Jahren erleiden, sind nicht geeignet für eine nochmalige hochdosierte Bestrahlung mit (lokal) kurativem Ziel. Indikationen für eine nochmalige Bestrahlung können Schmerzen und subakute Blutungen sein. Eine wirkungsvolle Tumorreduktion z.B. zum Offenhalten oder Wiedereröffnen von eingeengten oder verlegten Luft- oder Speisewegen kann manchmal rascher und effizienter mit anderen Methoden wie Laserrekanalisation ggf. in Verbindung mit endoluminaler Brachytherapie erreicht werden.

Radio-/Chemotherapie

Daher wurde versucht, wie in der Primärtherapie großer nicht-resezierbarer Karzinome, die therapeutische Breite durch Kombination mit zytostatischen Substanzen zu vergrößern. Nach alleiniger Polychemotherapie wird in 10–20% der Patienten eine klinisch komplette Remission erreicht. Diese niedrige Rate kann durch die simultane Radio-/Chemotherapie erhöht werden. Durch 5-Fluorouracil und Hydroxyurea wird bei etwa der Hälfte der Patienten eine komplette Remission, bei weiteren 25% inkomplette Remissionen erzielt (20). Die mitgeteilten medianen Überlebensspannen liegen bei 18 Monaten und darüber und damit sicher höher als nach alleiniger Chemotherapie. In einer nicht-prospektiven Gegenüberstellung von Radiotherapie (n = 27) alleine und Radio-/Chemotherapie (5-Fluorouracil, Hydroxyurea) (n = 106) ließ sich kein Unterschied im Gesamtüberleben nachweisen (6). Randomisierte prospektive Therapiestudien fehlen hierzu.

Fraktionierung

Nach den Ergebnissen der EORTC-Studie 22791 erhöht die Hyperfraktionierung in der Primärtherapie die therapeutische Breite, d.h. höhere Gesamtdosen führen zu einer Zunahme der lokalen Tumorkontrolle, jedoch nicht in demselben Maße die Häufigkeit von radiogenen Spätfolgen (10). Obwohl in der Rezidivstrahlentherapie keine systematischen Untersuchungen vorliegen, wird die Hyperfraktionierung eingesetzt mit dem Ziel, die ohnehin hohe Rate an Spätfolgen, die nach sechs Monaten diagnostiziert werden können, zu vermindern (2, 6).

Strahlentherapeutische Techniken

Bei der anatomisch-geometrischen Bestrahlungsplanung sind die Normalgewebe in besonderer Weise zu berücksichtigen. Da mit steigendem Volumen die chronischen Strahlenfolgen zunehmen, muss bei vorausgegangener Strahlentherapie das klinische Zielvolumen (CTV) knapp bemessen werden. Das makroskopische Tumorvolumen sollte dabei nicht mehr als 1,5–2 cm nach allen Seiten überschritten werden (19). Wegen der üblicherweise ausgeschöpften Dosis an den vitalen anatomischen Strukturen, insbesondere am Rückenmark, ist der gestalterische Spielraum für die Feldanordnung und damit für die Minimierung des PTV häufig eingeschränkt. Umso wichtiger ist die Konformierung durch individuelle Absorber oder Multileaf-Kollimatoren. Insbesondere bei Rezidivbestrahlungen im Nasopharynxbereich bieten sich auch non-koplanare Feldanordnungen an, insbesondere wenn Möglichkeiten der stereotaktisch geführten Strahlentherapie zur Verfügung stehen (s. unten).

Nasopharynxkarzinome (NPC)

Etwa 20% der NPC rezidivieren am Primärtumor nach median 1,7 Jahren (Daten aus dem Queen Elizabeth Hospital, Hong Kong; 14). Etwa 70% der Fälle rezidivieren ausschließlich lokal und sind nicht mit lymphogenen oder hämatogenen Manifestationen verbunden. Insbesondere bei kleineren und mittleren Rezidivtumoren (rT1–rT3) besteht daher häufig erneut ein kuratives Therapieziel. Je nach Rezidivtumorausdehnung und -dicke wird entweder perkutan (Teletherapie) oder intrakavitär (Brachytherapie) bestrahlt.

Die Rezidivbestrahlung mit etwa 60 Gy biologisch effektiver Dosis führt zwar bei der Hälfte der Patienten zu einer kompletten Remission nach sechs Monaten, aber längerfristig bleibt nur etwa ein Drittel der Patienten lokal dauerhaft tumorfrei. Die 5-Jahres-Rate an lokaler Tumorfreiheit liegt zwischen 30% und 10% für die Tumorkategorien rT1 und rT3 (14). Die 5-Jahres-Gesamtüberlebensrate schwankt wohl selektionsbedingt zwischen 40% und 15% (Übersicht und Literatur bei 14). Während nach der primären Radiotherapie mit 10% radiogenen Spätfolgen zu rechnen ist, steigt die Rate nach der zweiten Bestrahlung mit o. g. Gesamtdosen auf etwa 25% an, wobei für Tele- und Brachytherapie vergleichbare Raten angegeben werden. In der Analyse von 706 Rezidivbestrahlungen konnte keine Korrelation zwischen applizierter Gesamtdosis (Primär- und Rezidivbestrahlung) und lokaler Rezidivrate nachgewiesen werden, wohl aber mit steigender Gesamtdosis eine Zunahme der Spätkomplikationen.

In neuerer Zeit wird bei den häufig gut abgrenzbaren Lokalrezidiven die stereotaktische Radiotherapie eingesetzt (1, 4). Vorteile sind die hohe Präzision, mit der das Zielvolumen bestrahlt wird infolge der Immobilisierungsmöglichkeiten (stereotaktische Präzisionsmaske, Beißblock), verbunden mit einem steilen Dosisgradienten an den Zielvolumenrändern und der damit verknüpften möglichen besseren Schonung kritischer Normalgewebe wie Sehnerv, Hypophyse u.a. Allerdings ist nicht belegt, dass eine durch technische Verbesserungen möglich gewordene höhere Gesamtdosis der Rezidivbestrahlung auch zu verbesserten Tumorkontrollraten führt.

Vereinzelt wurde für das isolierte Rezidiv des Primärtumors die Rebestrahlung mit zytostatischer Chemotherapie kombiniert (16). Dabei wird über eine komplette Remissionsrate von 7/16 Patienten berichtet und übersteigt nicht diejenige nach alleiniger Radiotherapie, desgleichen die Gesamtüberlebensraten (3-Jahre: 10%). Bisher ist die Überlegenheit von

Radio-/Chemotherapie-Protokollen in der Rezidivtherapie gegenüber der alleinigen Radiotherapie nicht belegt.

Larynxkarzinome

Rezidive nach primärer Strahlentherapie von T1-Karzinomen des Kehlkopfes werden häufig mit einer (modifizierten) Laryngektomie behandelt. Jedoch kann trotz der hohen Gesamtdosis der vorausgegangenen Bestrahlung mit einer nochmaligen Radiotherapie eine 5-Jahres-Kontrollrate von 60%, gemessen ab Rezidiv, erreicht werden. Voraussetzungen sind kleine Behandlungsvolumina und lange tumorfreie Intervalle von 2 bis 20 Jahren zur Vorerkrankung. In einer kleinen Serie von Patienten mit einem mittleren Intervall zwischen Erst- und Rezidivbestrahlung von 6,75 Jahren wurden trotz kumulierter Gesamtdosen von 130 Gy und mehr keine höhergradigen Strahlenfolgen beobachtet (18). Die strahlenbiologische Interpretation dieser klinischen Befunde bleibt schwierig.

Speicheldrüsentumoren

Lokoregionär fortgeschrittene maligne Speicheldrüsentumoren werden postoperativ bestrahlt. Ausnahmen bilden hochdifferenzierte Mukoepidermoidkarzinome, Azinuszellkarzinome nach radikaler Parotidektomie. Bei Gesamtdosen von 60 Gy rezidivieren innerhalb von fünf Jahren etwa 30–40% der Tumoren, wobei Non-in-sano-Resektion und Tumorgröße prognostische Faktoren darstellen (21). Spätere Rezidive sind selten. Ist bei Auftreten des lokalen Rezidivs noch keine Fernmetastasierung eingetreten, ergibt sich die Chance einer nochmaligen Strahlentherapie mit kurativem Ziel. Die Neutronentherapie erwies sich dabei wirksam. Bei makroskopischer Tumormanifestation werden damit Tumorkontrollraten nach fünf Jahren in Abhängigkeit vom Resektionsgrad, von der Vortherapie und der Tumorausdehnung von 30–50% erreicht (3, 7, 13). Bemerkenswerterweise wurde bei elf mit Photonen hochdosiert vorbestrahlten Patienten nur in einem Fall eine höhergradige Spätfolge nach Rezidivbestrahlung mit Neutronen beobachtet (7).
Im Vergleich dazu beträgt die aktuarische Tumorkontrollrate nach fünf Jahren bei primär ausschließlich bestrahlten Tumoren der Gl. parotis (n = 17) nur 15% (J. Tischer, Dissertation LMU München, 1995). Die Mehrzahl der Patienten mit lokalem Rezidiv hat auch Fernmetastasen entwickelt, sodass randomisierte Therapiestudien kaum durchgeführt werden können.

Tumoren von Mundboden und Zunge

Umschriebene Tumoren der Zunge sind wie kein anderer Tumor für die Brachytherapie prädestiniert, sofern ein ausreichender Abstand zum Unterkieferknochen eingehalten werden kann. Mit der Brachytherapie im Falle des (isolierten) Rezidivs werden in ausgewählten Fällen nochmals zu 90% lokale Tumorkontrollen erreicht (8).

Zusammenfassend muss betont werden, dass sowohl die Indikation als auch die Wahl der technischen Parameter wie Fraktionierung, Gesamtdosis sowie die Kombination mit anderen Modalitäten wie Chemotherapie, Operation und Brachytherapie oder auch Hyperthermie stets eine höchst individuelle Entscheidung bleiben. Ungeklärt bleibt die Frage nach der optimalen Gesamtdosis, wenngleich die am Nasopharynx erhobenen Daten gegen eine Dosiseskalation sprechen. In noch höherem Maße als in der Primärtherapie gilt, dass erst die erreichte lokale Tumorkontrolle das Erleben der häufigen und gravierenden Spätfolgen möglich macht. Die Frage nach der Sinnhaftigkeit eines Lebens mit möglicherweise schweren Mutilationen muss der Patient vor der Therapie entscheiden.

Literatur

1 Ahn YC, Kim DY, Huh SJ, Baek CH, Park K (1999) Fractionated stereotactic radiation therapy for locally recurrent nasopharynx cancer: report of three cases. Head Neck 21: 338–345

2 Benchalal M, Bachaud JM, Francois P, Alzieu C, Giaud P, David JM, Daly-Schveitzer N (1995) Hyperfractionation in the reirradiation of head and neck cancers. Result of a pilot study. Radiother Oncol 36: 203–210

3 Buchholz TA, Laramore GE, Griffin BR, Koh WJ, Griffin W (1992) The role of fast neutron radiation therapy in the management of advanced salivary gland malignant neoplasms. Cancer 1. 69: 2779–2788

4 Chua DT, Sham JS, Hung KN, L W Kwong PW, Leung LH (1999) Stereotactic radiosurgery as a salvage treatment for locally persistent and recurrent nasopharyngeal carcinoma. Head Neck 21: 620–626

5 Cortes EP, Kalra J, Amin VC, Attie J, Eisenbud L, Khafif R, Wolk D, Aral I, Sciubba J, Akbiyik N, Heller K (1981) Chemotherapy for head and neck cancer relapsing after radiotherapy. Cancer 47: 1966–1970

6 De Crevoisier R, Bourhis J, Domenge C, Wibault P, Koscielny S, Lusinchi A, Mamelle G, Janot F, Julieron M, Leridant AM, Marandas P, Armand JP, Schwaab G, Luboinski B, Eschwege F (1998) Full-dose reirradiation for unresectable head and neck carcinoma: Experience at the Gustave-Roussy Institute in a series of 169 patients. J Clin Oncol 16: 3556–3562

7 Douglas JG, Lee S, Laramore GE, Austin-Seymour M, Koh WJ, Griffin TW (1999) Neutron radiotherapy for the treatment of locally advanced major salivary gland tumors. Head Neck 21: 255–263

8 Fontanesi J, Hetzler D, Ross J (1989) Effect of dose rate on local control and complications in the reirradiation of head and neck tumours with interstitial iridium-192. Int J Radiat Oncol Biol Phys 17: 365–369

9 Inoue T, Inoue T, Teshima T et al (1996) Late local recurrence after radiotherapy for tongue and early glottic carcinoma. Strahlenther Onkol 172: 301–305

10 Horiot JC, Le Fur R, N'Guyen T et al (1992) Hyperfractionation versus conventional fractionation in oropharyngeal carcinoma: final analysis of a randomized trial of the EORTC cooperative group of radiotherapy. Radiother Oncol 25: 231–241

11 Jones AS, Khan H (1993) The patterns and treatment of recurrences following radiotherapy for carcinoma of the oral cavity. Clin Otolaryngol 18: 14–18

12 Hussain M, Gadgeel S, Kucuk O, Du W, Salwen W, Ensley J (1999) Paclitaxel, cisplatin and 5-fluorouracil for patients with advanced or recurrent squamous cell carcinoma of the head and neck. Cancer 86: 2364–2369

13 Krüll A, Schwarz R, Heyer D, Timm H, Schmidt R (1995) Ergebnisse der Neutronentherapie bei rezidivierenden malignen Speicheldrüsentumoren im Kopf-Hals-Bereich. Strahlenther Onkol 171: 265–271

14 Lee AWM, Law SCK, Foo W, Poon YF, Cheung FK, Chan DKK, Tung SY, Thaw M, Ho JHC (1993) Retrospective analysis of patients with nasopharyngeal carcinoma treated during 1976-1985: survival after local recurrence. J Radiat Oncol Biol Phys 26: 773–782

15 Lipman SM, Hong WK (1989) Second malignant tumors in head and neck squamous cell carcinoma: the overshadowing threat for patients with early-stage disease. Int J Radiat Oncol Biol Phys 17: 691–694

16 Orecchia R, Airoldi M, Sola B, Ragona R, Bussi M, Bongioannini G, Cavelot A, Valente G (1992) Results of chemotherapy plus external reirradiation in the treatment of locally advanced recurrences of nasopharyngeal carcinoma. Eur J Cancer -B- Oral Oncol 28B: 109–111

17 Wang CC (1987) Re-irradiation of recurrent nasopharyngeal carcinoma – treatment techniques and results. Int J Radiat Oncol Biol Phys 13: 953–956

18 Wang CC, McIntyre J (1993) Re-irradiation of laryngeal carcinoma – techniques and results. Int J Radiat Oncol Biol Phys 26: 783–785

19 Wang CC (1994) To reirradiate or not to reirradiate? Int J Radiat Oncol Biol Phys 29: 913

20 Weppelmann B, Wheeler RH, Peters GE, Kim RY, Spencer SA, Meredith RF, Salter MM (1992) Treatment of recurrent head and neck cancer with 5-fluorouracil, hydroxyurea and reirradiation. Int J Radiat Oncol Biol Phys 22: 1051–1056

21 Wendt TG, Rübe Ch, Lissner J (1992) Ergebnisse der Photonentherapie von malignen Tumoren der Ohrspeicheldrüse. Strahlenther Onkol 168: 311–317

Konformale »High/Pulsed Dose Rate«-Brachytherapie (BT) bei der palliativen Behandlung des Rezidivtumors im Kopf-Hals-Bereich

R. Galalae, S. Maune[a], *T. Kreusch*[b], *P. Kohr, P. Niehoff, B. Buschbeck, B. N. Kimmig, G. Kovács*
Interdisziplinäres Brachytherapiezentrum, [a]Klinik für Hals-, Nasen- und Ohrenheilkunde, Kopf- und Halschirurgie, [b]Klinik für Mund-, Kiefer- und Gesichtschirurgie, Universitätsklinikum, Christian-Albrechts-Universität Kiel

Einleitung

Lokal fortgeschrittene Plattenepithelkarzinome im Kopf-Hals-Bereich (1) werden selten mit perkutaner Radiotherapie alleine geheilt. Die Rate des tumorfreien Überlebens liegt bei etwa 25%. Die meisten Patienten rezidivieren lokal und sterben letztendlich am lokoregionären Tumorprogress. In Dezember 1992 wurde an der Universität Kiel ein interdisziplinäres Behandlungskonzept bei fortgeschrittenen Kopf-Hals-Rezidivtumoren eingeführt. Die interstitielle bzw. endonasale »High Dose Rate (HDR)/Pulsed Dose Rate (PDR)«-Brachytherapie wurde als Salvage-Methode zur Dosiseskalation in Kombination mit perkutaner Strahlentherapie bzw. als alleinige Therapiemodalität bei Patienten mit einer Vorbelastung verwendet. Die Brachytherapie wurde in Free-hand-Technik mit Hilfe von Kunststoff-Hohlapplikatoren durchgeführt (Abb. 1), die in Narkose nach einer vorbereitenden MRT-Untersuchung (Abb. 2) implantiert wurden. Die Nutzung der Brachytherapie erlaubte die optimale Schonung der umliegenden gesunden kritischen Strukturen. Die Brachytherapie wurde auf der Basis einer nach der Implantation durchgeführten CT-Untersuchung konformal geplant. Zur HDR-Brachytherapie wurde eine Iridium-192 schrittbewegte Quelle mit einer initialen Aktivität von 370 GBq (10 Ci) benutzt. Bei der PDR-Brachytherapie betrug die Anfangsaktivität der Quelle 37 GBq (1 Ci).

Material und Methode

Vom Dezember 1992 bis Mai 1998 wurden 100 konsekutive Patienten mit Rezidiven oder fortgeschrittenen T3–4 Primarien eines Kopf-Hals-Tumors behandelt. 37 Patienten wurden wegen eines Tumorrezidivs mit dem oben beschriebenen Protokoll therapiert: 32 Patienten interstitiell, drei Patienten endonasal und zwei weitere Patienten mit Hilfe von individuell angefertigten Moulagen. Weitere Patientendaten werden in der Tabelle I

Abbildung 1

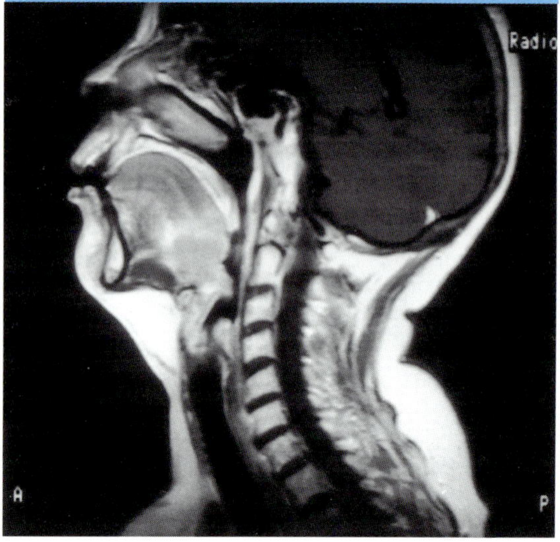

Patient mit Zungengrundkarzinom, MRT-Untersuchung vor der Implantation.

detailliert dargestellt. Die durchschnittliche Brachytherapie-Dosis betrug bei diesen Patienten 24,5 Gy (10–40 Gy) in Abhängigkeit von der Indikation und der perkutanen Vorbelastung. Die Referenzisodose war mit der minimalen Target-Dosis (MTD) nach den Vorschriften des ICRU 58-Reports (2) identisch und umschloss das Planungs-Target-Volumen (PTV). Dieses wurde dreidimensional in der jeweiligen CT-Planungsuntersuchung in der Slide-by-slide-Technik definiert. 21 Patienten wurden mit dem PDR-Protokoll mit fünf Pulsen pro Tag je 1 Gy, 5 ×/Woche behan-

Abbildung 2

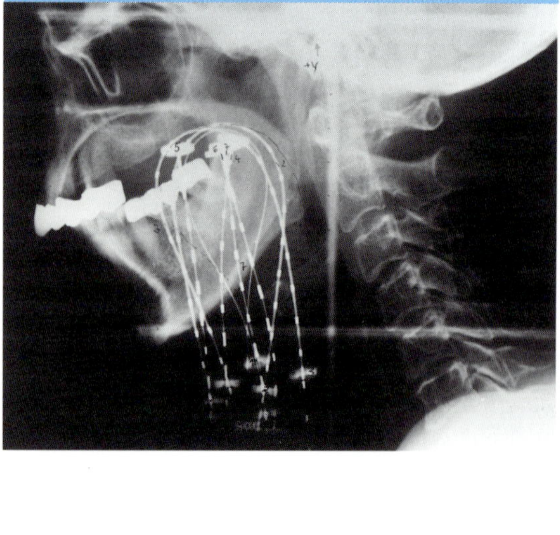

Patient mit Zungengrundkarzinom, Röntgenkontrolle nach der Implantation.

delt. Die Interpulszeit betrug zwei Stunden mit einer 12-stündigen Nachtpause. Mit dem HDR-Afterloading wurden bei 16 Patienten 2 × 2,5 Gy täglich appliziert mit einem 6-Stunden-Intervall. Die mittlere Liegedauer der Applikatoren im Gewebe (Zeit von der Implantation bis zur Entfernung) betrug 13,4 Tage (Median 13 Tage). Die mittlere verwendete Applikatoranzahl war 3,93 (Median 4). Die Brachytherapie wurde mit einer perkutanen Strahlentherapie nur in 18 Fällen ohne Vorbelastung kombiniert. Die mittlere Dosis war 42,4 Gy (Median 42 Gy). Die mittlere Dosis der Vorbelastung bei den übrigen Patienten betrug 62 Gy (Median 61 Gy).

Tabelle I.

Indikation der BT, %	Grading, %	Lokalisation, %	HDR/PDR, %
Erstrezidive: 82	G1: 16,2	Zunge/Oropharynx: 51,4	HDR: 43
Zweitrezidive: 12,8	G2: 51,4	Nasopharynx/NNH[a]: 19	PDR: 57
Viertrezidive: 2,6	G3: 32,4	Orbita: 10,6	
Metastasen: 2,6		Andere: 19	

[a]NNH (Nasennebenhöhlen)

Ergebnisse

Nach einer mittleren Nachbeobachtungszeit von 30 Monaten (seit Therapiebeginn) waren 14 Patienten verstorben, zehn tumorbedingt. Die Gesamtüberlebensrate war 62,2% und die tumorspezifische Überlebensrate 73%, 33% der Patienten waren zum Zeitpunkt der Analyse tumorfrei. Die therapiebedingte Toxizität in der akuten Phase der Brachytherapie war gering und drückte sich insbesondere in Form von Schluckbeschwerden bzw. Schwellungen im Implantationsgebiet aus. Die Patienten wurden aus Sicherheitsgründen bei der Implantation der Applikatoren tracheotomiert. Im Sinne der Spättoxizität wurde bei einem Patienten mit einem Zungengrundtumor eine oberflächliche Nekrose beobachtet, die durch eine Laser-Resektion geheilt wurde.

Zusammenfassung

In einem Drittel aller Patienten genügte eine erneute Bestrahlungsserie, um eine Tumorfreiheit nach einer mittleren Beobachtungszeit von 2,5 Jahren erreichen zu können. Die tumorbedingte Mortalität betrug 27% und war verhältnismäßig gering. *Schwartz* et al. (3) berichteten eine gesamte Salvage-Heilungsrate bei Rezidiven von Plattenepithelkarzinomen des Oropharynx von 21%. Die Salvage-Therapie wurde chirurgisch oder durch eine Radio-/Chemotherapie durchgeführt. *Friedrich* et al. (4) veröffentlichten bei 33 Patienten mit einem Rezidiv eines Plattenepithelkarzinoms der Mundhöhle bzw. des Oropharynx eine Gesamtüberlebensrate von 49% nach zwölf Monaten. Die lokale Kontrolle betrug 47%. Die Therapie wurde mit einer kombinierten HDR-Brachy- und Teletherapie mit einer Gesamtdosis zwischen 60 und 75 Gy durchgeführt. Die gleiche Gruppe (5) veröffentlichte 1999 2-Jahres-Ergebnisse von 35%. Ähnliche Ergebnisse wurden durch *Sandhu* et al. (6) publiziert. Bei 16 Patienten, behandelt mit interstitieller Iridium-192-Implantation, betrug die Gesamtüberlebensrate nach einem Jahr 45%. Die Ergebnisse der vorliegenden Arbeit mit Hilfe der 3D-geplanten interstitiellen HDR/PDR-Brachytherapie bei fortgeschrittenen Rezidiven bestätigen eine gute Palliation. Die Therapie ist verträglich und daher gerechtfertigt. Die Ergebnisse sind im Einklang mit der Literatur.

Literatur

1 Brizel DM, Sibley GS, Scher RL et al (1997) Tumor hypoxia adversely affects the prognosis of squamous cell carcinoma of the head and neck. Int J Radiat Oncol Biol Phys 14: 831–838

2 International Commission on Radiation Units and Measurements (ICRU) Report 58 (1997) Dose and volume specification for reporting interstitial therapy. International Commission on Radiation Units and Measurements, Washington DC

3 Schwartz GJ, Mehta RH, Wenig BL et al (2000) Salvage treatment for recurrent squamous cell carcinoma of the oral cavity. Head Neck 22 (1): 34–41

4 Friedrich RE, Krull A, Schwarz R et al (1997) Salvage therapy of advanced squamous cell carcinoma of the mouth cavity and oropharynx. Results of interstitial high-dose-rate brachytherapy combined with ablative tumor surgery. Strahlenther Onkol 173 (10): 507–512

5 Krull A, Friedrich RE, Schwarz R et al (1999) Interstitial high dose rate brachytherapy in locally progressive or recurrent head and neck cancer. Anticancer Res 19 (4A): 2695–2697

6 Sandhu AP, Robertson AG, Soutar DS et al (1999) Interstitial iridium-192 implantation for recurrent and/or locally advanced head and neck cancer. Clin Oncol (R Coll Radiol) 11 (6): 371–378

Bedeutung der Chemotherapie bei fortgeschrittenen Kopf-Hals-Tumoren

A. Schalhorn
Medizinische Klinik III, Klinikum Großhadern der LMU München

Tumoren im Kopf-Hals-Bereich führten im Jahr 1995 in der BRD zu etwa 6500 Todesfällen und machten bei Männern ca. 4,9% und bei Frauen ca. 1,2% aller tumorbedingten Todesfälle aus. Rauchen und Alkohol sind entscheidende Risikofaktoren für die Entwicklung dieser Karzinome. Dementsprechend beträgt das Verhältnis von Männern zu Frauen bei den Tumoren im Mund-Rachen-Bereich 3,75 : 1 und beim Larynxkarzinom 7,1 : 1 (3). Offensichtlich bedingt durch die sozialen Besonderheiten kommen viele Patienten erst spät zum Arzt, obwohl ein Großteil der Tumoren von der Lokalisation her frühzeitig zu diagnostizieren wäre. Ein entscheidender Ansatz, die Häufigkeit von Kopf-Hals-Tumoren zu reduzieren, wäre eine Abstinenz von Rauchen und Alkohol.
Neben dem bei weitem überwiegenden Plattenepithelkarzinom in seinen unterschiedlichen Formen der Differenzierung spielen Adeno-, Mukoepidermoid- und adenoid-zystische Karzinome der Speicheldrüsen eine zahlenmäßig geringere Rolle. Des Weiteren ist als Sonderform im Nasopharynxbereich das lymphoepitheliale Karzinom, der so genannte Schmincke-Régaut-Tumor zu nennen. Die unterschiedlichen histologischen Typen führten im Allgemeinen noch nicht zu unterschiedlichen Chemotherapieprotokollen, im Einzelfall aber zu unterschiedlichen Therapiestrategien. Bei den Schmincke-Tumoren steht im Gegensatz zur Mehrzahl der anderen Kopf-Hals-Tumoren die Strahlentherapie im Vordergrund, und zudem gewinnt die frühzeitige Kombination mit einer Chemotherapie zunehmend an Bedeutung (2, 5).

Allgemeiner Therapieplan

In den frühen Tumorstadien steht die Operation im Vordergrund, wenn diese technisch und von der Gesamtsituation des Patienten her möglich ist. In den lokal fortgeschrittenen Fällen sind die Ergebnisse der alleinigen Operation immer noch enttäuschend, weswegen verschiedene multimodale Therapieansätze untersucht wurden. Mit einer primären präoperativen, d.h. neoadjuvanten Chemotherapie werden bei lokal fortgeschrit-

tenen Kopf-Hals-Tumoren sehr hohe Remissionsraten von > 80% erzielt, die bisher aber leider noch nicht zu einer Überlebensverlängerung führten (11, 16, 18). Daher hat dieser Therapieansatz außerhalb von Studien derzeit keine Berechtigung.
Die simultane Radio-/Chemotherapie ermöglicht hingegen bei primär inoperablen HNO-Tumoren deutlich bessere Ergebnisse als die alleinige Strahlentherapie. In einer großen Studie von *Wendt* et al. führt die simultane Chemotherapie mit Cisplatin, Folinsäure und 5-Fluorouracil zu einem hochsignifikanten Überlebensvorteil (+ 22% nach 3 Jahren) im Vergleich zur alleinigen Strahlentherapie (22). Diese Ergebnisse werden in der Mehrzahl der randomisierten Studien mit 5-FU ± Cisplatin bestätigt (1). Die oft gesteigerte Toxizität gerade der multimodalen Ansätze mit Strahlen- und Chemotherapie darf aber besonders bei älteren Patienten nicht außer Acht gelassen werden. Abgesehen von der simultanen Radio-/Chemotherapie ist eine systemische Chemotherapie fortgeschrittener Kopf-Hals-Tumoren heute nur dann indiziert, wenn die Erkrankung nach Operation und/oder Strahlentherapie lokal rezidiviert ist und/oder wenn Fernmetastasen aufgetreten sind.

Chemotherapie bei fortgeschrittenen KHT

Kopf-Hals-Tumoren (KHT) sprechen gut auf eine primäre Chemotherapie vor Durchführung der Lokaltherapie an. In zehn Studien mit zusammen 514 Patienten wurden unter intensiveren, praktisch immer Cisplatin enthaltenden Kombinationen Remissionsraten von mindestens 70% bis maximal 94% erzielt (9, 11), ohne dass allerdings bisher ein günstiger Einfluss auf das Überleben gesichert werden konnte (11, 16, 18). Wird eine Chemotherapie z.B. wegen eines Lokalrezidivs nach ein- oder mehrfacher Operation und/oder Strahlentherapie eingeleitet, sind die Ergebnisse wesentlich schlechter. Die Remissionsraten liegen unter einer Monotherapie etwa in dem gleichen Bereich wie bei den fortgeschrittenen nicht-kleinzelligen Bronchialkarzinomen, d.h. oft um 15–20%. Die in verschiedenen Studien gewonnenen Ergebnisse lassen sich meist kaum vergleichen, da sich die Patientenzusammensetzung fast immer zu sehr unterscheidet. Insbesondere wird meist nicht genügend zwischen Patienten mit einem Lokalrezidiv nach unterschiedlichen Formen der Lokaltherapie (Operation, Strahlentherapie und deren verschiedenen Kombinationen) und solchen mit zusätzlichen oder alleinigen Metastasen unterschieden. Gleichwohl stehen heute Einzelsubstanzen zur Verfügung, die prinzipiell eine Remission induzieren können.
In der Tabelle I sind die Ergebnisse älterer Studien zusammen gestellt, wobei verlässliche Schlussfolgerungen nur zu ziehen sind, wenn wenigstens zusammen > 50, besser > 100 Patienten behandelt wurden (11). In der

Monotherapie fortgeschrittener rezidivierter und/oder metastasierter KHT führen danach Methotrexat (MTX), Cisplatin, Carboplatin und Bleomycin in ≥ 20% zu einer Remission, wobei die Ergebnisse je nach der Patientenauswahl ganz erheblich schwanken. Für MTX z.B. werden in den älteren Studien Remissionsraten zwischen 22% und 65% angegeben, während die Unterschiede in den neueren, zumeist randomisierten Studien mit Werten von 10–35% etwas geringer sind. Vinblastin, Adriamycin und 5-Fluorouracil (5-FU) sind ebenfalls aktiv, die Remissionsraten liegen aber im Allgemeinen unter 20%.

Tabelle I. Chemotherapie von Kopf-Hals-Tumoren. Einzelsubstanzen, die sich in älteren Studien als wirksam erwiesen haben (11).

	Studien, n	Patienten, n	Remissionen, %
Methotrexat	6	444	37 (22–65)
Cisplatin	6	186	27 (17–33)
Carboplatin	5	130	25
Bleomycin	6	362	23 (6–67)
Vinblastin	1	23	17
Chlorambucil	1	34	15
Doxorubicin	2	88	13
Vindesin	3	56	12
5-FU	1	15	6

RR < 10%: Etoposid, Cyclo, MMC, HU, Epi, Mitox, Procarbacin

In neueren, oft randomisierten Studien (Tab. II) wurde die Effektivität von MTX, Cis- und Carboplatin bestätigt, und auch 5-FU, das ja wichtiger Partner in den Therapiekombinationen ist, kann als Dauerinfusion, über fünf Tage gegeben, eine Remission induzieren (6–8, 11, 20). Von den neuen Substanzen erwiesen sich Vinorelbin und aus der Gruppe der Taxane sowohl Paclitaxel wie Docetaxel als wirksam (15). Während *Schrijvers* und *Vermorken* in ersten Studien mit zusammen nur 48 Patienten für Paclitaxel Remissionsraten von 20% bzw. 43% angeben, sinkt die Zahl der Remissionen in einer randomisierten Studie je nach Paclitaxeldosis auf 12,5% bzw. 19,5% (19). Gleiches gilt für Vinorelbin, für das zunächst Remissionsraten von 11–25% angegeben wurden (15). Neuere Studien, die teilweise auf dem letzten ASCO-Kongress vorgetragen wurden, weisen eine allenfalls sehr geringe Aktivität von Vinorelbin nach, da die Remissionsraten nur 7,5% bis maximal 15% betrugen (10). Während in einer ersten Übersicht für Docetaxel Remissionsraten von 37–45% angegeben wurden (15), sinken diese bei Auswertung von fünf Studien mit zusammen immerhin 125 Patienten auf 17–30% (13). Ob die neuen Substanzen bei rezidivierten und/oder metastasierten Kopf-Hals-Tumoren auch zu besseren Überlebensraten führen, ist noch keineswegs klar.

Tabelle II. Chemotherapie von Kopf-Hals-Tumoren. Einzelsubstanzen, die sich in neueren Studien als wirksam erwiesen haben (6–8, 11, 13, 15, 19). Besonders relevant sind die Ergebnisse, die in randomisierten Studien[a] gewonnen wurden.

	Patienten, n (vorbehandelt)	Remissionen, %	R-Dauer, Mo
Ifosfamid (5 g/m^2)	17 (17)	7	4
Carboplatin (300–400 mg/m^2)	70	20	?
TPH-Adriamycin	64	19	1
Vepesid	14 (5)	7	3,6
Epirubicin (75 mg/m^2)	28	50	?
Epirubicin (90 mg/m^2)	16 (4)	38	?
Edatrexat	131	21	6,0
Vinorelbin	102	11–25	?
Paclitaxel	48	20–43	?
Docetaxel	125	17–42	5–6,5
MTX (40 mg/m^2/Wo)[a]	304	10–35	5,6–6,0
Cisplatin (100 mg/m^2)[a]	83	17	5,0
5-FU (1000 mg/m^2/24 h × 5)[a]	83	13	6,1
Paclitaxel[a]	81	12,5–19,5	5,4–6,1

[a]Ergebnisse randomisierter Studien

Kombinationen aus den effektiven Monosubstanzen führen im Allgemeinen zu höheren Ansprechraten. Eine signifikante Verlängerung des Überlebens konnte in fünf randomisierten Studien mit jeweils 163 bis 277 Patienten jedoch nicht nachgewiesen werden (6–8, 11, 14, 20). Cisplatin/5-FU-, Carboplatin/5-FU- und Cisplatin/MTX/Bleomycin-Kombinationen bewirkten zwar jeweils höhere Remissionsraten (um 30%) als die Einzelsubstanzen (um 15%), die mediane Überlebenszeit lag aber in allen 13 Studienarmen uniform zwischen 5,5 und 6,1 Monaten. Auch Paclitaxel war in der Phase-III-Studie von *Vermorken* bezüglich des Überlebens nicht besser als das seit mehreren Jahrzehnten zur Verfügung stehende Methotrexat: Vergleichsweise hohe Einzeldosen Paclitaxel (200–225 mg/m^2), über 3 oder 24 Stunden infundiert, führten zwar etwas häufiger zu einem Ansprechen (maximal 19,5% RR), konnten aber leider nicht zu einer signifikanten Überlebensverlängerung führen; die mediane Überlebenszeit lag in allen drei Therapiearmen nur zwischen 5,4 und 6,3 Monaten (19). Ob Kombinationen aus z.B. Taxanen mit Platinsalzen, 5-FU oder Gemcitabin zu besseren Langzeitergebnissen führen, bleibt abzuwarten.

Interessant ist eine Phase-II-Studie von *Schöffski* et al., in der Docetaxel mit Cisplatin kombiniert wurde und die zu einer beeindruckenden Remissionsrate von 53,7% (95%-Konfidenzintervall 37,4–69,3%) führte (12). Nimmt man nur die Patienten, die bereits vorbehandelt waren, sank die Remissionsrate auf 18,75%. Nachdem aber für die Taxane Docetaxel und Paclitaxel die prinzipielle Effektivität nachgewiesen wurde, scheinen Untersuchungen sinnvoll, in denen gut verträgliche Kombinationen zur Anwendung kommen. Ein vernünftiger Ansatz könnte z.B. die Kombination aus Docetaxel und Carboplatin sein, die wir bei guter Verträglichkeit und Praktikabilität (keine forcierte Diurese notwendig) bei Patienten mit günstigen Kriterien (sehr guter AZ) im Rahmen einer Phase-II-Studie untersuchen.

Wahl der Chemotherapie

Außerhalb von Studien sind derzeit Platinsalze, 5-Fluorouracil und Methotrexat immer noch Standardsubstanzen in der Therapie der rezidivierten und/oder metastasierten KHT. Die Wahl der Chemotherapie richtet sich nach den individuellen Gegebenheiten des Patienten: Kommt es zur Linderung von Symptomen besonders auf eine Remission an und/oder handelt es sich um jüngere Patienten, wird man auch heute noch meist eine Platin-haltige Chemotherapie wählen. Bei älteren Patienten und/oder weniger gutem Allgemeinzustand kann im Einzelfall eine Monotherapie indiziert sein. Bei schlechtem Allgemeinzustand und/ oder starkem alkoholisch bedingten Persönlichkeitsabbau wird man oft ganz auf eine Chemotherapie verzichten müssen.
In Tabelle IIIa/b sind mögliche Therapieprotokolle aufgeführt. Carboplatin/5-Fluorouracil führt zwar nach *Forastiere* zu etwas niedrigeren Remissionsraten, unterscheidet sich aber bezüglich der medianen Überlebenszeit nicht von Cisplatin/5-FU (7). Wegen der fehlenden Nephrotoxizität und der größeren Praktikabilität (keine forcierte Diurese!) wählen wir daher meist Carboplatin statt Cisplatin als Kombinationspartner von 5-Fluorouracil (21). Die Methotrexat-Monotherapie ist immer noch eine sehr praktikable und gut ambulant durchführbare Therapie (20). Mit einer möglichen Schleimhauttoxizität nach früherer Strahlentherapie ist bei höheren Dosen auch bei normaler MTX-Eliminationskinetik zu rechnen. Trotz der immer noch enttäuschenden Langzeitergebnisse gewinnen die Taxane Paclitaxel und Docetaxel an Bedeutung, da sie z.B. angewandt werden können, wenn Methotrexat wegen einer eingeschränkten Nierenfunktion und/oder Ergüssen nicht gegeben werden darf. Bedingt durch die jeweils zwingend notwendige Vortherapie mit Dexamethason und H_1- (z.B. Clemastin) und H_2-Rezeptorantagonisten (z.B. Ranitidin) bei Paclitaxel oder nur Dexamethason bei Docetaxel sind früher häufige und besonders beim Paclitaxel schwere allergische Nebenwirkungen sehr selten, und die Therapie wird zudem subjektiv meist sehr gut vertragen. Der besseren Verträglichkeit und Steuerbarkeit wegen wählen wie dann meist die wöchentliche niedrigdosierte Taxan-Gabe.

Tabelle IIIa. Therapieprotokolle bei fortgeschrittenen HNO-Tumoren.

MTX-Monotherapie (20)

Methotrexat 40 mg/m^2 i.v. Tag 1
Wiederholung alle 7 Tage
Dosisanpassung vor jeder Therapie:
- Leukoz. > 5000/µl & Thromboz. > 150 000/µl & normale Schleimhaut:
  MTX-Dosis 60 mg/m^2
- Leukoz. > 4000–5000/µl und/oder Thromboz. > 100 000–150 000/µl:
  MTX-Dosis 40 mg/m^2
- Leukoz. > 3000–4000/µl und/oder Thromboz. > 75 000–100 000/µl:
  MTX-Dosis 20 mg/m^2
- Leukoz. < 3000/µl und/oder Thromboz. < 75 000/µl:
  Unterbrechung der Therapie

Bei Schleimhautulzerationen wird die Therapie unterbrochen, nach Abheilung Wiederaufnahme der Therapie mit Reduktion der MTX-Dosis um 25%
Eingeschränkte Nierenfunktion (Kreatinin-Clearance < 80 ml/min, Kreatinin > 1,2 mg/dl) und/oder »third space« (Höhlenergüsse) sind eine Kontraindikation gegen MTX!

5-FU-Monotherapie (17)

5-Fluorouracil 1000 mg/m^2 als 24-h-Dauerinfusion Tag 1–5
Nach Vorbestrahlung nur 4 Tage
Wiederholung ab Tag 21 bzw. nach Rückbildung von Toxizitäten

Tabelle IIIb. Therapieprotokolle bei fortgeschrittenen HNO-Tumoren.

Cisplatin/5-Fluorouracil (9)

Cisplatin	100 mg/m^2	Kurzinfusion i.v.	Tag 1
5-Fluorouracil	1000 mg/m^2	als 24-h-Dauerinfusion	Tag 1–5

Wiederholung alle 3 (–4) Wochen bzw. nach Erholung des KM
Toxizitäten und Durchführungsbestimmungen beachten
Cave Cisplatin-Nebenwirkungen!
Nach Vorbestrahlung 5-FU nur über 4 Tage infundieren!

Carboplatin/5-Fluorouracil (21)

Carboplatin	300 mg/m^2	oder AUC 5 nach Calvert-Formel als Kurzinfusion (30 min)	Tag 1
5-Fluorouracil	1000 mg/m^2	als 24-h-Dauerinfusion	Tag 1–5

Wiederholung alle 3 (–4) Wochen bzw. nach Erholung des Knochenmarks
Toxizitäten und Durchführungsbestimmungen beachten!
Dosisanpassung für Carboplatin unter Berücksichtigung des Leukozyten- und Thrombozyten-Nadirs:

Leukoz. > 3000/µl und Thrombozyten > 100 000/µl:	360 mg/m^2
Leukoz. 1500–3000/µl und/oder Thrombozyten 75 000–100 000/µl:	300 mg/m^2
Leukoz. < 1500/µl und/oder Thrombozyten < 75 000/µl:	240 mg/m^2

Besonderheiten der Chemotherapie bei KHT

Bedingt durch den chronischen Nikotin- und/oder Alkoholabusus der Mehrzahl der Patienten mit Kopf-Hals-Tumoren gestaltet sich die Therapieplanung selbst bei jüngeren Patienten bereits schwierig. Für die Mehrzahl aller Therapieprotokolle in der Chemotherapie solider Tumoren ist ein guter Allgemeinzustand ebenso erforderlich wie eine gute Krankheitseinsicht und eine hohe Motivation des Patienten. Diese Voraussetzungen erfüllen nur vergleichsweise wenige der Patienten, sodass wir häufig auch bei jüngeren Patienten auf eine Chemotherapie ganz verzichten müssen. Die Problematik nimmt mit zunehmendem Alter zu, da gehäuft internistische Begleiterkrankungen auftreten, die oft auch auf den chronischen Alkoholismus und/oder den Nikotinabusus zurückzuführen sind und die ebenfalls gegen eine Chemotherapie sprechen.
Die in Tabelle IIIa/b aufgeführten Protokolle dürfen nur von onkologisch erfahrenen Ärzten durchgeführt werden, die sich in den Voraussetzungen, Durchführungsbestimmungen, Dosisanpassung und gegebenenfalls supportiver Therapie bei etwaiger Knochenmarkdepression bestens auskennen. Zu berücksichtigen ist, dass viele ältere Patienten und ganz besonders viele der alkoholkranken Patienten einen Folat- und/oder B12-Vitamin-Mangel haben können und daher die Hämatopoese bereits primär reduziert sein kann. Unter einer Chemotherapie mit Antimetaboliten (MTX!) können diese Patienten besonders toxisch vonseiten des Knochenmarks und der Schleimhäute reagieren.
In Tabelle IV sind die möglichen Toxizitäten der in Tabelle IIIa/b genannten Zytostatika aufgeführt, die bei typischen (Nikotin- und Alkoholabusus!) und/oder älteren Patienten mit fortgeschrittenen KHT auftreten können. Je nach Ausprägung zwingen die möglichen Nebenwirkungen zu einer Dosisreduktion oder sind sogar eine Kontraindikation gegen das jeweilige Medikament.

Methotrexat: Mit zunehmenden Lebensalter kommt es zu einer Einschränkung der Nierenfunktion, die sich bei dem oft geringen Eiweißumsatz nicht immer sofort in einem Anstieg des Serumkreatinins äußert. Da Methotrexat überwiegend renal ausgeschieden wird, können auch vergleichsweise niedrige MTX-Dosen unter 50 mg lange erhöhte Serumspiegel verursachen, die zu schwersten und u.U. letalen Nebenwirkungen auf das Knochenmark und/oder die Schleimhäute führen können. In der Literatur wird als unterer Grenzwert der Kreatininclearance, unter dem MTX kontraindiziert ist, meist mit 80 ml/min angegeben. Eine gestörte Leberfunktion ist bei den hier gewählten MTX-Dosierungen ohne Bedeutung. Wichtig zu berücksichtigen ist aber, dass MTX sich in einem sog. »third space«, also z.B. in Pleuraergüssen oder Aszites, anreichern kann, die MTX-Serumspiegel verzögert abfallen und zu Toxizität führen kön-

Tabelle IV. Spezielle Probleme der Chemotherapie bei alkoholkranken und/oder nikotinabhängigen und/oder älteren Patienten mit KHT. Es werden hier nur die für diese Patienten besonders relevanten Toxizitäten aufgeführt!

Substanz	Problem	Mögliche Toxizitäten
MTX	Nierenfunktion eingeschränkt *Vit. B12/Folatmangel*	schwere Knochenmark- und Schleimhauttoxizität
Cisplatin	Nierenfunktion eingeschränkt *Vorbestehende PNP*	schwere KM-, Nephro- & Neurotoxizität
Carboplatin	Nierenfunktion stark reduziert	schwere KM-, Nephro- & Neurotoxizität
	Dosisanpassung nach Calvert-Formel gut möglich	
5-FU	Koronarsklerose *(Raucher)*	Kardiotox., Angina/Infarkt (relativ selten)
	Nach *Vorbestrahlung(en)*	gesteigerte Schleimhauttoxizität
Bleomycin	COPD *(Raucher!)*	Risiko der Lungenfibrose ↑?

nen. Damit kann eine Herzinsuffizienz mit Ergüssen u.U. trotz einer normalen Nierenfunktion eine Kontraindikation gegen MTX sein. Bei schwerem Eiweißmangel, wie er bei schlecht ernährten alkoholkranken Patienten vorkommen kann, und unter Medikamenten, die MTX aus der Eiweißbindung verdrängen können, ist ebenfalls mit einer gesteigerten MTX-Toxizität zu rechnen. Bei einem Vitamin-B12- und/oder Folatmangel ist mit einer u.U. lebensbedrohlichen Steigerung der MTX-Wirkung zu rechnen. Bei chronischen Alkoholikern sollten daher vor Einleitung einer MTX-Therapie die Vitamin-B12/Folatspiegel bestimmt werden. Im Praxisalltag gehen wir bei einer MTX-Therapie meist so vor, dass wir zunächst mit einer wöchentlichen Dosis von 40 mg/m^2 beginnen und die Folgedosen jeweils der im Intervall beobachteten Toxizität anpassen (20).

5-Fluorouracil: Kardiotoxische Nebenwirkungen von 5-Fluorouracil sind vergleichsweise selten, können aber gerade bei bestehender Koronarsklerose im Einzelfall zu Angina pectoris und – selten – sogar zu einem Infarkt führen. Bei einer klinisch relevanten Koronarerkrankung, die ja bei chronischem Nikotinabusus gesteigert auftritt, versuchen wir daher, auf eine 5-FU-Therapie zu verzichten. Gibt es aber auch Kontraindikationen gegen MTX und Cisplatin, wird man im Einzelfall unter besonders engmaschiger klinischer und gegebenenfalls EKG-Kontrolle dennoch einen Therapieversuch mit einer 5-FU-Infusion wagen dürfen. Ein sehr seltener Defekt im Katabolismus von 5-FU, ein Mangel an Dihydropyrimidindehydrogenase (DPD), ist in jedem Lebensalter eine Kontraindikation gegen 5-FU, da bei diesem sehr seltenen Defekt 5-FU extrem verzögert abgebaut wird und zu sehr oft tödlichen Nebenwirkungen auf Knochenmark und Schleimhäute führt.

Platinsalze: Cisplatin bedarf wegen seiner hohen nephrotoxischen Potenz einer forcierten Diurese, die gerade bei älteren Patienten mit einer latenten oder bereits manifesten Herzinsuffizienz kaum durchführbar ist. Dieses so wichtige Medikament wird damit nur für Patienten in gutem AZ mit normaler Herz- und normaler Nierenfunktion in Betracht kommen. Die bekannten neuro- und ototoxischen Nebenwirkungen zwingen ebenfalls zu besonderer Vorsicht. *Carboplatin* ist zwar etwas knochenmarktoxischer als Cisplatin, nephrotoxische Nebenwirkungen treten aber praktisch nicht auf. Carboplatin kann sogar bei deutlich eingeschränkter Nierenfunktion bis zu einer Kreatininclearance von minimal 30 ml/min gegeben werden. Die Dosis ist aber bei jeder Nierenfunktionseinschränkung der Kreatininclearance anzupassen. Unter Verwendung verschiedener, experimentell gut abgesicherter Formeln lässt sich sehr exakt die Carboplatindosis berechnen, die für eine bestimmte Ziel-AUC benötigt wird. In einer Kombinationschemotherapie wird man bei einem nicht vorbehandelten Patienten meist eine AUC von 5 (mg/ml × min) anstreben und die notwendige Carboplatindosis nach der Formel von Calvert berechnen (4): Carboplatin-Dosis (mg) = Ziel-AUC × (Kreatininclearance (ml/min) + 25).

Bleomycin zählt zwar ebenfalls zu den bei Kopf-Hals-Tumoren effektiven Zytostatika. Trotz fehlender Knochenmarktoxizität hat es zuletzt aber an Bedeutung verloren, da es vergleichsweise schlecht verträglich ist. Eine Lungenfibrose tritt meist zwar erst bei kumulativen Dosen von über 300 mg auf. Im Einzelfall kann sie aber früher manifest werden und besonders bei bereits vorbestehenden Lungenerkrankungen, wie sie gerade bei den Patienten mit Kopf-Hals-Tumoren häufig sind (Raucher!), prob lematisch werden.

Schussfolgerungen für die Praxis

Die Vielzahl möglicher Nebenwirkungen und besonders die internistischen Begleiterkrankungen der meist alkoholkranken und nikotinabhängigen Patienten macht die Entscheidung für eine Chemotherapie und deren Wahl gerade bei den Patienten mit rezidivierten und/oder metastasierten KHT immer wieder sehr schwer. Meist stehen nur sehr wenige Medikamente mit einer vernünftigen Relation zwischen erwünschten therapeutischen Wirkungen (vielleicht Erzielen einer Teilremission oder wenigstens eines vorübergehenden Krankheitsstillstandes) und möglichen Nebenwirkungen zur Verfügung. Besonders, wenn der Allgemeinzustand bereits schlecht ist und wenn eine hohe Motivation des Patienten nicht vorliegt, sollte die Indikation zu einer Chemotherapie sehr streng und sehr zurückhaltend gestellt werden. Sehr oft wird man auf eine Chemotherapie ganz verzichten und andere palliative Maßnahmen (Schmerzbekämpfung, ausreichende enterale/parenterale Ernährung) ganz in den Vordergrund stellen müssen.

Literatur

1 Adelstein DJ (1998) Recent randomized trials of chemoradiation in the management of locally advanced head and neck cancer. Curr Opin Oncol 10: 213–218
2 Al-Sarraf M, LeBlanc M, Giri PGS, Fu KK, Cooper J, Vuong T, Forastiere AA, Adams G, Sakr WA, Schuller DE, Ensley JF (1998) Chemoradiotherapy versus radiotherapy in patients with advanced nasopharyngeal cancer: Phase III randomized Intergroup Study 0099. J Clin Oncol 16: 1310–1317
3 Becker N, Wahrendorf J (1998) Krebsatlas der Bundesrepublik Deutschland, 3. Aufl. Springer Verlag, Berlin
4 Calvert AH, Newell DR, Gumbrell LA, O'Reilly S, Burnell M, Boxall FE, Siddik ZH, Judson IR, Gore ME, Wiltshaw E (1989) Carboplatin dosage: prospective evaluation of a simple formula based on renal function. J Clin Oncol 7: 1748–1756
5 Chan ATC, Teo PML, Johnson PJ (1998) Controversies in the management of locoregionally advanced nasopharyngeal carcinoma. Curr Opin Oncol 10: 219–225
6 Clavel M, Vermorken JB, Cognetti F (1994) Randomized comparison of cisplatin, methotrexate, bleomycin and vincristine versus cisplatin and 5-fluorouracil versus cisplatin in recurrent or metastatic squamous cell carcinoma of the head an neck. Ann Oncol 5: 421–526
7 Forastiere AA, Metch B, Schuller DE, Ensley JF, Hutchins LF, Triozzi P, Kish JA, MaClure S, VonFeldt E, Williamson SK, VonHoff DD (1992) Randomized comparison of cisplatin plus fluorouracil and carboplatin plus fluorouracil versus methotrexate in advanced squamous-cell carcinoma of the head and neck: a Southwest Oncology Group study. J Clin Oncol 10: 1245–1251
8 Jacobs C, Lyman G, Velez-Garcia E et al (1992) A phase III randomized study comparing cisplatin and fluorouracil as single agents and in combination for advanced squamous cell carcinoma of the head and neck. J Clin Oncol 10: 257–263
9 Kish J, Drelichman A, Jacobs J, Hoschner J, Kinzie J, Loh J, Weaver A, Al-Sarraf M (1982) Clinical trial of cisplatin and 5-FU infusion as initial treatment for advanced squamous cell carcinoma of the head and neck. Cancer Treat Rep 66: 471–474
10 Saxman S, Mann B, Canfield V, Loehrer P, Vokes E (1998) A phase II trial of vinorelbine in patients with recurrent or metastatic squamous cell carcinoma of the head and neck. Am J Clin Oncol 2: 398–400
11 Schalhorn A (1996) Chemotherapie der fortgeschrittenen Kopf-Hals-Tumoren. Onkologe 2: 352–358
12 Schöffski P, Catimel G, Planting AST, Droz JP, Verweij J, Schrijvers D, Gras L, Schrijvers A, Wanders J, Hanauske AR for EORTC and ECSG (1999) Docetaxel and cisplatin: an active regimen in patients with locally advanced, recurrent or metastatic squamous cell carcinoma of the head and neck. Ann Oncol 10: 119–122
13 Schöffski P, Weihkopf T, Ganser A (1998) Advanced head and neck cancer and clinical experience of an effective new agent: docetaxel. Anticancer Res 18: 4751–4756
14 Schornagel JH, Verweij J, de Mulder PHM et al (1995) Randomized phase III trial of edatrexate versus methotrexate in metastatic and/or recurrent squamous cell carcinoma of the head and neck: A European Organization for Research and Treatment of Cancer Head and Neck Cooperative Group study. J Clin Oncol 13: 1649–1655

15 Schrijvers D, Vermorken JB (1999) Update of the taxoids and other new agents in head and neck cancer therapy. Curr Opin Oncol 10: 233–241
16 Schuller DE, Metch B, Mattox D, Stein DW, McCracken JD (1987) Preoperative chemotherapy in advanced head and neck cancer: Final report of the Southwest Oncology Group. Laryngoscope 98: 1205
17 Tapazoglou E, Kish J, Ensley J, Al-Sarraf M (1986) The activity of a single agent 5-fluorouracil infusion in advanced and recurrent head and neck cancer. Cancer 57: 1105–1109
18 Toohill RJ, Anderson T, Byhardt RW et al (1987) Cisplatin and fluorouracil as neoadjuvant therapy in head and neck cancer. Arch Otolaryngol Head Neck Surg 113: 758–765
19 Vermorken JB, Catimel G, De Mulder P, Hoekman K, Hupperets P, Ruggeri E, Wildiers J, Kirkpatrick A, Collette L, Lefebvre J, EORTC Head and Neck Cancer Cooperative Group (1999) Randomized phase II trial of weekly methotrexate versus two schedules of triweekly paclitaxel in patients with metastatic or recurrent squamous cell carcinoma of the head and neck. Proc ASCO 18: #1527
20 Vogl SE, Schoenfeld DA, Kaplan BA, Lerner HJ, Engstrom PF, Horton J (1985) A randomized prospective comparison of methotrexate with a combination of methotrexate, bleomycin, and cisplatin in head and neck cancer. Cancer 56: 432–442
21 Volling P, Schröder M, Rauschnig W, Achterrath W, Stennert E, Nagel G (1988) Ergebnisse einer Phase II-Studie mit dem neuen Zytostatikum Carboplatin in Kombination mit 5-Fluorouracil zur primären Behandlung fortgeschrittener Plattenepithelkarzinome im Kopf-Halsbereich. HNO 36: 452
22 Wendt TG, Grabenbauer GG, Rödel CM, Thiel HJ, Aydin H, Rohloff R, Wustrow TPU, Iro H, Popella C, Schalhorn A (1998) Simultaneous radiochemotherapy versus radiotherapy alone in advanced head and neck cancer: a randomized multicenter study. J Clin Oncol 16: 1318–1324

Stellenwert der Hyperthermie bei Kopf-Hals-Tumoren und deren Rezidiven[1]

P. Wust, Ch. Harder, R. Graf, J. Gellermann, H. Riess[a], R. Felix
Klinik für Strahlenheilkunde, [a]Medizinische Klinik mit Schwerpunkt Hämatologie und Onkologie, Charité – Medizinische Fakultät der Humboldt-Universität zu Berlin, Campus Virchow-Klinikum, Berlin

Einführung

Präklinische Studien zur therapeutischen Überwärmung von Tumorzellen oder Experimentaltumoren zeigten in den 70er-Jahren, dass für zytotoxische Effekte der Hyperthermie Temperaturen von 42 °C und mehr erforderlich sind. Für einen sensibilisierenden Effekt in Verbindung mit Radiotherapie und einigen Zyotostatika (z.B. Cisplatin, Ifosfamid, Doxorubicin u.a.) sind geringere Temperaturen von 40–42 °C ausreichend.
Die durch diese ermutigenden Voruntersuchungen angeregten klinischen Studien mit verschiedenen Hyperthermiegeräten ergaben, dass diese aus präklinischer Sicht wünschenswerten Temperaturen unter klinischen Bedingungen nicht (oder zumindest nicht überall) im Zielgebiet erreicht werden konnten. Hinzu kam, dass unter den bestehenden Voraussetzungen der inkompletten (invasiven) Thermometrie die Definition einer thermischen Dosis schwierig, zumindest mit einer großen Bandbreite behaftet, wenn nicht gar unmöglich ist. Diese technischen und klinischen Schwierigkeiten führten dazu, dass die Hyperthermie nur an einigen forschungsintensiven Zentren weltweit geprüft und weiterentwickelt wurde und, zumindest derzeit, keine für die klinische Routine geeignete Option darstellt. Trotz der noch nicht vollständigen technischen Ausreifung wurden bereits zahlreiche randomisierte Studien erfolgreich durchgeführt, die zumindest zeigen, dass die Hyperthermie den lokalen radiotherapeutischen Effekt signifikant verstärkt (8, 12, 14–16).
Bemerkenswert an diesen unter großem Aufwand durchgeführten klinischen Studien ist, dass gerade bei zwei Tumorentitäten ein nicht nur für die lokale Kontrolle, sondern sogar für das Überleben signifikanter Einfluss der zusätzlichen Hyperthermie nachgewiesen werden konnte: Lymphknotenmetastasen von Kopf-Hals-Karzinomen (14) und lokal fortgeschrittene Zervixkarzinome (15). Diesen beiden Tumorentitäten ist gemeinsam, dass bereits früher die hohe prognostische Signifikanz der Sauerstoffversorgung

---

[1] Die hier dargestellten Arbeiten wurden von der Deutschen Forschungsgemeinschaft gefördert (Sonderforschungsbereich 273)

(pO_2) bzw. des Hämoglobinwertes der Patienten gezeigt wurde (7, 10) und dass ebenfalls die persistierende Hypoxie als einer der wesentlichen Faktoren für eine misslungene lokale Kontrolle ausgemacht wurde (5).
Hinsichtlich der Hyperthermiestudien ist zusätzlich interessant, dass bei beiden Tumorentitäten keine eindeutige Dosis-Wirkungs-Beziehung für die Hyperthermie nachgewiesen wurde bzw. eher niedrige Temperaturen erreicht wurden. Bei fortgeschrittenen Kopf-Hals-Tumoren (1) wurde bereits früher eine randomisierte Studie mit positivem Resultat durchgeführt. Allerdings wurden diese und vergleichbare andere Studien aufgrund fehlender Thermometrie und lückenhafter Angaben über die Hyperthermietechnik kritisiert und daher nicht als Beleg für die Wirksamkeit der Hyperthermie akzeptiert.
Im Lichte neuerer Ergebnisse über die Einflüsse von Hyperthermie auf die Perfusion in humanen Tumoren ergeben diese Einzelinformationen einen gemeinsamen Sinn. So konnte inzwischen sowohl bei humanen Tumoren in der eigenen Arbeitsgruppe (unveröffentlichte Ergebnisse mit 15-O-H_2O-PET) und in Tierexperimenten (17) nachgewiesen werden, dass nach Hyperthermie unter klinischen Bedingungen (also Temperaturen < 43 °C) eine lang anhaltende Perfusionserhöhung im Bereich der Tumoren induziert wird, welche die Sauerstoffversorgung über viele Stunden hinaus verbessert. Zuvor war schon durch gezielte Auswertungen von Temperatur-Zeit-Kurven nachgewiesen worden, dass unter Hyperthermie eine Perfusionserhöhung in Tumoren auftritt (20), insbesondere auch in Kopf-Hals-Lymphknoten-Metastasen (18, 21).

In diesem Licht ist es möglich, dass bei einigen Tumorentitäten aufgrund der speziellen Tumorbiologie ein Einsatz der Hyperthermie auch schon im Bereich niedrigerer Temperaturen bereits mit den jetzt verfügbaren Geräten zu messbaren klinischen Effekten führt. Dieses soll für die Kopf-Hals Karzinome anhand eigener Erfahrungen im Folgenden illustriert werden.

Technische Durchführung der lokalen Hyperthermie im Kopf-Hals-Bereich

Die Hyperthermie wird mit Lokalapplikatoren durchgeführt, die auf den tumortragenden Bereich aufgesetzt werden. Diese Applikatoren strahlen Radio- oder Mikrowellen verschiedener Frequenzen ab, die über eine Wasservorlaufstrecke in das Gewebe eingekoppelt werden. Abbildung 1 zeigt exemplarisch einige Applikatoren, die von Firmen wie BSD, Clinitherm, Lund-Buchler und einigen japanischen Firmen kommerziell angeboten wurden. Für die Temperaturmessung werden unter CT-Kontrolle Katheter zur Aufnahme von verschiedenen Thermosensoren implantiert, wie in Abbildung 2 beispielhaft gezeigt. Solche Katheterimplantationen

sind unter Routinebedingungen komplikationslos und weitgehend problemlos durchführbar. Es werden sowohl Temperatur-Orts-Kurven (Temperatur-Scans) als auch Temperatur-Zeit-Kurven aufgenommen und zur Charakterisierung der Hyperthermie statistisch ausgewertet. In mehreren hundert lokalen Hyperthermiebehandlungen konnten wir kurz zusammengefasst folgende Erkenntnisse ziehen (13, 21):
Die minimalen Temperaturen liegen im Mittel bei 39,5 °C, sind also weder für einen zytotoxischen noch für einen relevanten sensibilisierenden Effekt ausreichend. Dagegen liegt die maximale Temperatur in der Regel oberhalb von 43 °C (im Mittel sogar > 44 °C), sodass hohe thermische Gradienten (> 4 °C) bestehen. Die minimalen Temperaturen zeigen eine Korrelation mit dem Ansprechen, während die maximalen Temperaturen eher einen ungünstigen prognostischen Indikator darstellen (je fortgeschrittener die Nekrotisierung, desto höher die maximale Temperatur).
Die Auswertungen zeigen, dass die Leistungsdichte in ca. 3 cm Gewebetiefe ungefähr auf die Hälfte abgefallen ist und bis höchstens 4 cm Gewebetiefe noch ausreichend hohe Werte erreicht (z.B. 50 W/kg). Daraus resultiert auch für die Temperaturerhöhung eine maximale Tiefenreichweite von etwa 4–5 cm, um noch ausreichend hohe Temperaturen von 41 °C und höher zu erreichen. Die effektive Feldgröße mit den vorhandenen Applikatoren beträgt 10–12 cm im Durchmesser. Alle diese Werte sind als optimistisch anzusehen, da im Kopf-Hals-Bereich oft erschwerte Bedin-

Abbildung 1

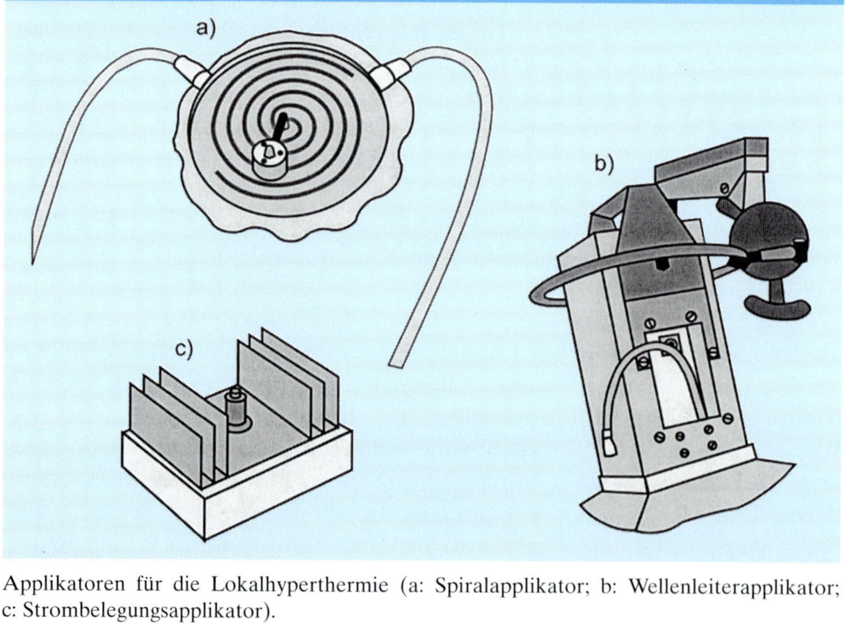

Applikatoren für die Lokalhyperthermie (a: Spiralapplikator; b: Wellenleiterapplikator; c: Strombelegungsapplikator).

Abbildung 2

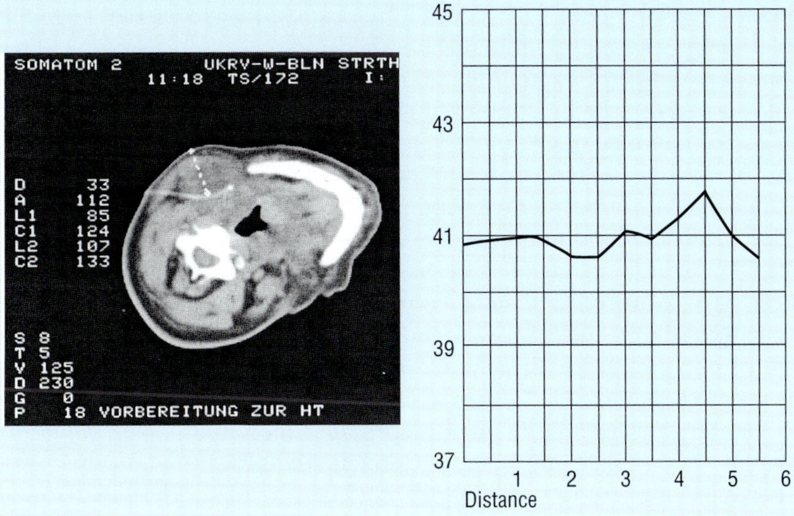

Katheter für Aufnahme eines Thermosensors (unter CT-Kontrolle implantiert). Darstellung einer Temperatur-Orts-Kurve längs des Katheters (mechanische Bewegung des Sensors während der Therapie). Die Gewebetiefe beträgt 3 cm. Es handelt sich um den Patienten von Abb. 3.

gungen mit der Positionierung und Ankopplung der Applikatoren an den unebenen und irregulären anatomischen Bereichen vorliegen.
Der Kühlungskoeffizient, der mit der Perfusion korreliert, zeigt unter Hyperthermie einen deutlichen Anstieg um etwa das Doppelte.
Die kommerziell verfügbaren Techniken der Lokalhyperthermie im Kopf-Hals-Bereich sind nur für oberflächlich gelegene Tumoren oder Lymphknotenmetastasen von bis zu 6 cm Ausdehnung geeignet. Mit phasengesteuerten Mehrantennensystemen könnten physikalisch im Halsbereich erheblich höhere Eindringtiefen und homogenere Verteilungen erreicht werden. Diese Technologien, die für das Becken oder das Abdomen entwickelt wurden und zzt. in die nächste Applikatorgeneration gehen (22), sind für den Kopf-Hals-Bereich bisher nicht entwickelt worden.

Gibt es eine klinische Rationale für die lokale Hyperthermie im Kopf-Hals-Bereich?

Die in den letzten Jahren geprüften Konzepte für eine Verbesserung der definitiven Radiotherapie bei fortgeschrittenen (d.h. nicht kurativ operablen) Karzinomen sind Änderung der Fraktionierung (Akzeleration, Hyperfraktionierung) und zusätzliche simultane Chemotherapie. In mehreren randomisierten Studien konnte belegt werden, dass mit beiden Konzepten die lokale Kontrolle und mitunter auch das Überleben gegenüber der alleinigen konventionellen Radiotherapie verbessert werden kann, allerdings in einigen Fällen unter Inkaufnahme von zusätzlicher akuter Toxizität (s. Zusammenfassung in (11)). Gleichwohl können die erreichten Langzeitergebnisse noch keineswegs als zufriedenstellend angesehen werden. So wird mit alleiniger Radiotherapie, wenn man die Ergebnisse der Studien im Mittel betrachtet, eine 3-Jahres-Überlebensrate von 20–30% erzielt. Mit der (simultanen) Radio-/Chemotherapie können die 3-Jahres-Überlebensraten auf 40–50% verbessert werden. Dabei ist zu berücksichtigen, dass aufgrund der nicht vernachlässigbaren akuten Toxizität eine strenge Patientenselektion vorgenommen werden muss. Ergebnisse von Studien, die deutlich über den hier angegebenen Werten liegen, sind wohl eher als Folge dieser Patientenselektion anzusehen. Die 5-Jahres-Überlebensraten werden häufig nicht mehr angegeben und liegen, wenn doch bekannt, dann leider nur noch im Bereich von 20%.

Diese schlechten Langzeitergebnisse bei den fortgeschrittenen Tumoren im Kopf-Hals-Bereich sind überwiegend auf lokales Therapieversagen zurückzuführen. Durch eine Verbesserung der lokalen Kontrolle könnte hier also die Prognose der Patienten verbessert werden. Dabei ist bekannt, dass der Lymphknotenstatus ein außerordentlich signifikanter prognostischer Indikator ist, und gerade die N2- bis N3-Lymphknotenmetastasen besonders therapieresistent und häufig für lokale Versager verantwortlich sind.

Mit den vorhandenen Hyperthermietechniken (s. Abschnitt »Technische Durchführung«) stellen diese N2- bis N3-Lymphknotenmetastasen eine Indikation für die Hyperthermie dar, da sie selbst mit der hochwirksamen Radio-/Chemotherapie nicht immer zufriedenstellend therapiert werden können. Weitere therapeutische Optionen sind die Salvage-Operation und die interstitielle Radiotherapie. Dabei ist jedoch zu berücksichtigen, dass die lokale Hyperthermie eine recht nebenwirkungsarme therapeutische Option darstellt, die nach gegenwärtigem Kenntnisstand zu keiner erkennbaren zusätzlichen Toxizität der Radio- und/oder Chemotherapie führt.

Bei Lokalrezidiven (insbesondere im vorbestrahlten Gebiet) ist die lokale Kontrolle mit konventionellen Therapien noch schlechter, sodass im Hinblick auf den zusätzlichen Einsatz der Hyperthermie im Grunde eine klare Empfehlung gegeben werden kann. Allerdings sind aus technischen und klinischen Gründen nur ausgewählte Lokalrezidive einer zusätzlichen lokalen Hyperthermie zugänglich.

Die onkologische Bewertung der Hyperthermie bezieht sich auf den gegenwärtigen technologischen Stand. Unter der Annahme, dass mit zukünftigen Geräten eine regionale Hyperthermie einer oder beider Halslymphbahnen möglich wird (mit reproduzierbarer und dokumentierter

Temperaturverteilung), ergibt sich ein wesentlich breiteres Anwendungsspektrum. Als Standardtherapie hat dabei die simultane Radio-/Chemotherapie zu gelten. Die Hyperthermie kann als zusätzliche (wirkungsverstärkende) Therapie zur Standardtherapie verstanden werden. Studien in der Vergangenheit, die einen Benefit der hyperthermen Radiotherapie gegenüber alleiniger Radiotherapie gesehen haben (1, 14), müssen leider als überholt gelten. Eine Überprüfung dieser Studien mit der zzt. akzeptierten Radio-/Chemotherapie als Standardarm wäre sinnvoll.

Klinische Erfahrungen mit der lokalen Hyperthermie im Kopf-Hals-Bereich

Von 1989 bis 1999 wurden an der Charité (Campus Virchow-Klinikum) 90 Patienten mit fortgeschrittenen Kopf-Hals-Karzinomen zusätzlich mit Hyperthermie behandelt. Davon waren 20% Rezidive (18 Patienten). Parallel hatten wir in diesem Zeitraum zwei Radio-/Chemotherapie-Konzepte geprüft (ein sequenzielles und ein simultanes). Die Ergebnisse sind in Tabelle I zusammengefasst. Die in der eigenen Klinik ermittelten Resultate sind unter Berücksichtigung des relativ wenig selektionierten Patientenkollektivs mit den Literaturwerten ganz gut vergleichbar. Patienten mit Hyperthermie hatten insgesamt eine schlechtere Prognose aufgrund der fortgeschrittenen Halslymphknotenmetastasen (N2–3). Noch etwas schlechter ist erwartungsgemäß die Prognose der Rezidive mit mittleren Überlebenszeiten von gerade zehn Monaten (s. Tab. I). Zur Behandlung dieser Rezidive wurden unterschiedliche Schemata eingesetzt, in der Regel eine Radiotherapie von 30–40 Gy mit zusätzlicher Chemotherapie, welche aus Carboplatin, Mitomycin oder Methotrexat bestand.

Tabelle I. Zusammenfassung der Ergebnisse eigener Behandlungskonzepte im Vergleich zu Literaturdaten.

		2–3 JÜL, %	Mittl. ÜLZ, Mo
Literatur (Studien)	RT allein	20–30	
	RCT simultan	40–50	
Eigene Ergebnisse	RCT simultan	30–40	21
	RCT sequenziell	20–30	14
	RT + HT ± ChT (N2–3)	20–30	12
	HT ± RT ± ChT (Rezidive, persist.)	10–20	10

Feyerabend et al. (3, 4) führten bei Rezidiven im Kopf-Hals-Bereich eine trimodale Therapie ein, bestehend aus einer konventionellen oder hyperfraktionierten Radiotherapie bis 40 Gy, einer Chemotherapie mit Cisplatin (40 mg/qm wöchentlich) und Ifosfamid (1,5 g/qm wöchentlich) sowie parallel dazu eine lokale Hyperthermie pro Woche. Mit diesem kombinierten Therapiekonzept konnte die Lübecker Arbeitsgruppe erstaunlich hohe Remissionsraten bei Rezidiven (meistens vorbestrahlt) erhalten, die gemäß Tabelle II unseren Resultaten in der Primärtherapie bei fortgeschrittenen Lymphknotenmetastasen entsprechen. Leider konnte auch hier das hervorragende Ansprechen nicht in einen entsprechenden Überlebensvorteil transformiert werden.

Tabelle II. Vergleich der lokalen Wirksamkeit zweier Schemata mit Hyperthermie: trimodale Therapie bei Rezidiven versus hypertherme Radiotherapie (± Chemotherapie) bei primären Karzinomen. Trotz prinzipiell hoher Remissionsraten sind die Überlebenszeiten schlecht und offensichtlich von den fundamentalen prognostischen Faktoren abhängig (Rezidiv, N-Status, Volumen).

	Rezidive (14 Pat.) (Feyerabend et al. 1996, 1997)	Primäre N2/3-Metastasen (30 Pat.) (Wust et al. 1996)
CR	50%	50%
PR	43%	27%
Volumen	65 cm^3	57 cm^3
Mittl. ÜLZ	9 Monate	12 Monate

Die Ergebnisse der Lübecker und Berliner Arbeitsgruppe zusammen zeigen jedoch, dass die lokale Hyperthermie zumindest geeignet ist, eine Wirksamkeitsverstärkung bei sonst therapieresistenten Läsionen im Kopf-Hals-Bereich zu erzielen. Neben dem unbestrittenen palliativen Effekt, den die Hyperthermie in diesem Zusammenhang hat, wurden in einzelnen Fällen auch hervorragende Langzeitergebnisse erzielt. Sie zeigen, dass die lokale Hyperthermie bei einzelnen Patienten eine kurative Rolle spielen kann. Dies wird bestätigt durch die Ergebnisse der randomisierten Studie von *Valdagni* et al. (14).

Einige Kasuistiken sollen im Folgenden zeigen, welche Läsionen derzeit mit der Hyperthermie gut erreicht werden können und wo eher Zurückhaltung geboten ist.
Abbildung 3 zeigt den typischen Fall eines fixierten Lymphknotens unter dem rechten M. sternocleidomastoideus von 5 cm Ausdehnung. Dieser Lymphknoten ließ sich gut hyperthermieren und bildete sich innerhalb von Monaten bis auf ein winziges, klinisch inapparentes Residuum zurück (nach 72 Gy einer Radio-/Chemotherapie und sechs lokalen Hyperthermien). Von einer Salvage-Operation (bei anfänglich noch deutlichem Restbefund) wurde abgeraten (aufgrund der mutmaßlich bestehenden Adhärenz zur A. carotis vonseiten des Lymphknotens und des Primärtumors (Tonsillenkarzinom rechts)). Der Patient ist nach sieben Jahren noch unter lokaler Kontrolle.

Abbildung 3

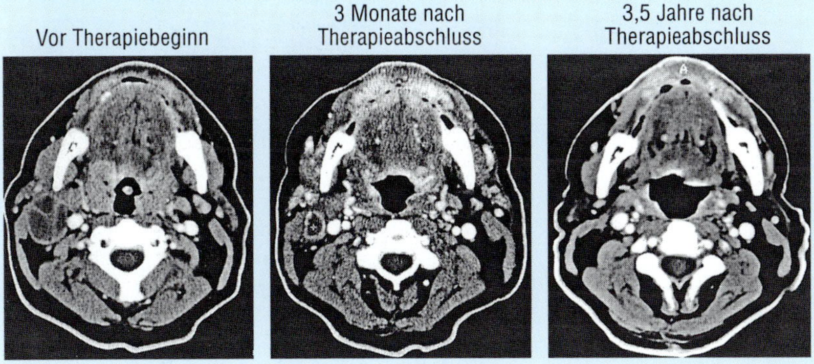

Patient mit fixiertem N2-Lymphknoten. Verlauf nach Radio-/Chemotherapie (72 Gy + 7 LHT + Mitomycin, 5-FU) gemäß dem Essener Protokoll (2). Langfristig wurde lokale Kontrolle erzielt.

Abbildung 4 zeigt ein Beispiel, in dem ein Primärtumor (Wangenkarzinom) erfolgreich hyperthermiert werden konnte. Bei dem gezeigten Patienten konnte eine komplette Remission mit Radiotherapie bis 41 Gy und vier lokalen Hyperthermien erreicht werden. Dieser Bereich blieb unter lokaler Kontrolle, leider trat im weiteren Verlauf ein Lymphknotenrezidiv auf (außerhalb des Hyperthermiebereiches), das nach weiterer Therapie (Operation, Radiotherapie) schließlich lokal nicht mehr beherrschbar war.
Abbildung 5 zeigt ein Beispiel für eine äußerst erfolgreiche Rezidivbehandlung. Bei der Patientin besteht im linken Kieferwinkel nach Radio-/Chemotherapie (66 Gy mit Cisplatin und 5-FU) ein umschriebenes Rezidiv. Es wird eine Kombinationstherapie mit 13,5 Gy, drei lokalen Hyperthermien und Methotrexat eingeleitet – die Patientin lehnt nach der genannten Dosis eine weitere Therapie ab. Trotz der inkompletten Therapie bildet sich der Lymphknoten bis auf ein kalzifiziertes Residuum zurück und bleibt länger als fünf Jahre unter lokaler Kontrolle. Anschließend tritt dann doch eine lokale Progression ein, an der die Patientin verstirbt.
Abbildung 6 zeigt dagegen ein Lymphknotenrezidiv, welches mit den bestehenden technischen Möglichkeiten nicht erfolgreich behandelt werden konnte. Nach einem Zyklus Cisplatin, 5-FU und einer lokalen Hyperthermie ist zwar eine deutliche Rückbildung der lateralen Anteile des Lymphknotens erfolgt – in der Tiefe ist jedoch noch ein Restbefund, der im weiteren Verlauf unter der Therapie in die Wirbelsäule mit ossärer Destruktion infiltrierte. Offensichtlich konnte die lokale Hyperthermie in der Tiefe paravertebral nicht mit ausreichender Intensität durchgeführt werden, sodass hier ein Progress stattfand.

Abbildung 4

Vor Therapie

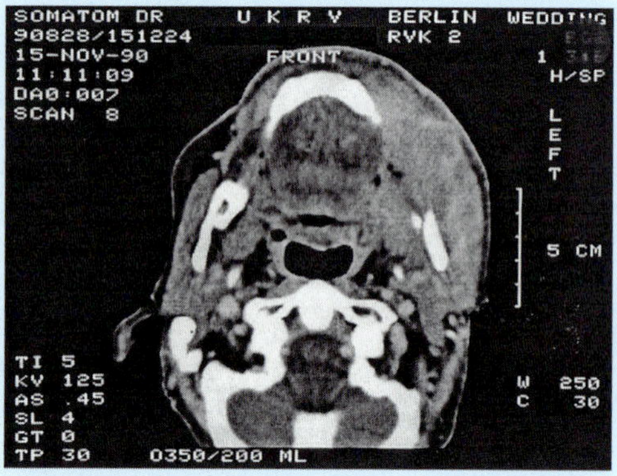

6 Monate nach Therapieabschluss

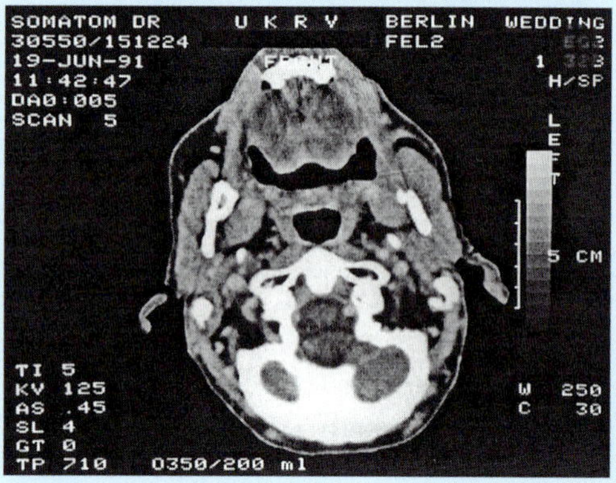

Komplette Remission eines ausgedehnten Wangenkarzinoms nach hyperthermer Radiotherapie. Patient erhielt nur 41 Gy und 4 lokale Hyperthermien (lehnte dann weitere Therapie ab). Der Primärtumor konnte lokal kontrolliert werden.

Die Beispiele zeigen, dass eine ausreichend homogene Erwärmung des Zielgebietes für die Wirksamkeit der Hyperthermie von essenzieller Bedeutung ist. Misserfolge können in der Regel nach unserer klinischen Erfahrung auf inhomogene bzw. inkomplette Erwärmung zurückgeführt werden.

Besonders inhomogen wird die Temperaturverteilung, wenn bereits ausgedehnte Nekrosen bestehen. Es wurde schon darauf hingewiesen, dass hohe thermische Gradienten ein negativer prognostischer Faktor sind. Die hohen Maximaltemperaturen verhindern, dass mit ausreichend hoher Leistung am Tumorrand die notwendigen Temperaturen erzielt werden. Im Rezidivfall (also nach Vorbestrahlung) ist darüber hinaus die Reparaturkapazität des Gewebes eingeschränkt. Ausgedehnte Nekrosen, die durch hohe Temperaturen verstärkt werden, führen zu Gewebedefekten,

Abbildung 5

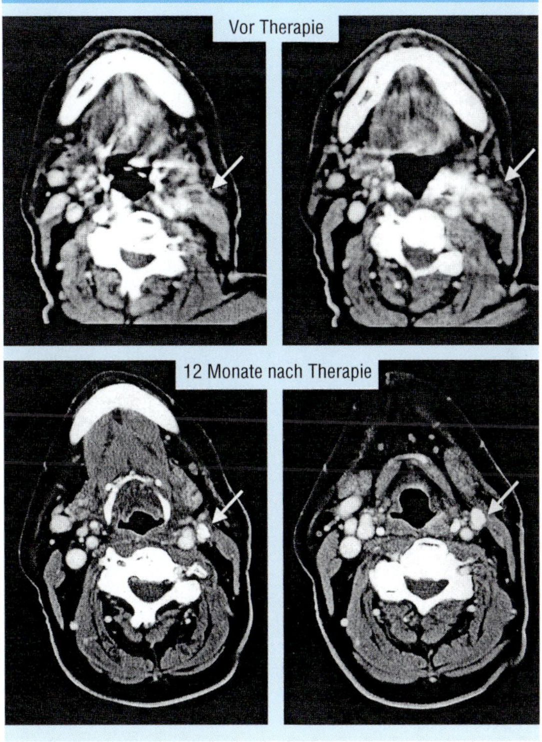

Komplette Remission eines Lymphknotenrezidivs nach nur 13,5 Gy, 3 lokalen Hyperthermien und MTX. Patient lehnte dann weitere Therapie ab. Der rezidivierte Tumorknoten blieb über 5 Jahre unter lokaler Kontrolle.

die unter Umständen die Kapazität des umliegenden gesunden Gewebes überschreiten. Dieses ist bei der Indikationsstellung abzuwägen. In den genannten Fällen ist es daher mitunter besser, auf eine aggressive Lokaltherapie zu verzichten.

Auch bei multilokulärem Befall oder bei Tumorausdehnungen von größer als 6 cm ist eine Hyperthermie mit den gegenwärtigen technischen Möglichkeiten schwierig.

Diskussion und Ausblick

Die lokale Hyperthermie als wirkungsverstärkende Therapie bei technisch inoperablen oder rezidivierenden Tumoren im Kopf-Hals-Bereich kann bei geeigneter Indikationsstellung äußerst hilfreich sein. Onkologisch besteht durchaus Bedarf für eine solche wirkungsverstärkende Therapie aufgrund der leider immer noch unbefriedigenden lokalen Kontrolle, selbst bei aggressiver Radio-/Chemotherapie. Die zzt. eingeschränkte

Abbildung 6

Vor Therapie

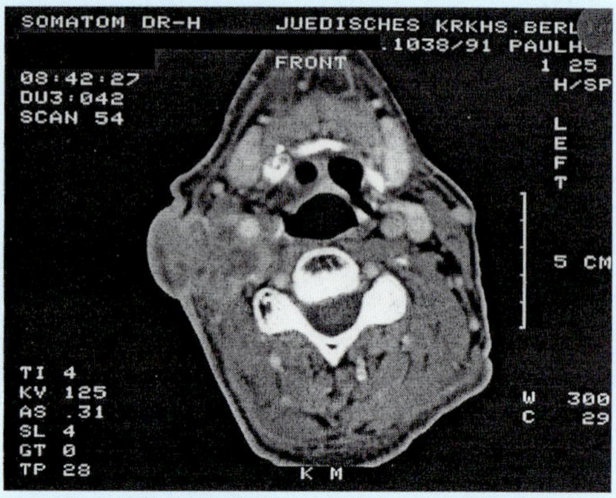

2 Monate später (nach 1 Zyklus)

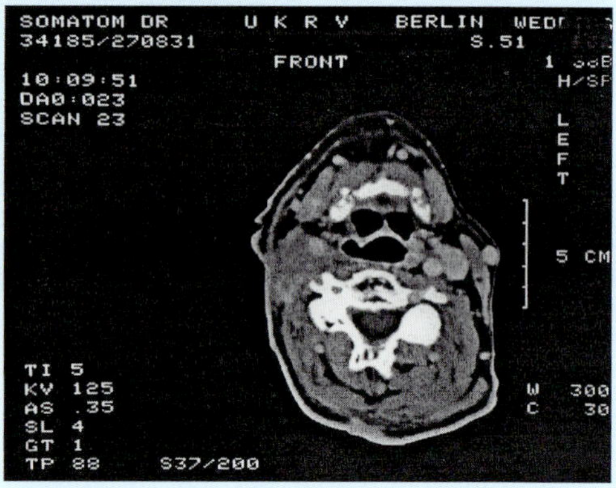

Partielle Remission nach 1 Zyklus Carboplatin und einer lokalen Hyperthermie. Später erfolgte Progress in die Wirbelsäule hinein.

Anwendbarkeit der lokalen Hyperthermie ist technisch bedingt. Die derzeit verfügbaren einzelnen Applikatoren für die lokale Hyperthermie haben eine begrenzte Eindringtiefe in das Gewebe (3–4 cm), eine limitierte effektive Feldgröße (10–12 cm Durchmesser) und erfahren zusätzliche Abstriche durch die schwierige Ankopplung im Kopf-Hals-Bereich aufgrund unregelmäßiger Oberfläche und eingeschränkter Lagerungsmöglichkeit des Patienten.

Von den physikalischen Voraussetzungen her ist der Halsbereich für eine regionale Hyperthermie mit einem phasengesteuerten Ringapplikator sogar besser geeignet als das Becken. Es gibt jedoch zzt. keinen Mehrantennenapplikator für eine solche Anwendung. Dabei wäre eine regionale Tiefenhyperthermie von Primärtumor und Lymphabflussgebiet, inklusive befallener Lymphknotenareale, äußerst sinnvoll.

Wir gehen davon aus, dass mit zunehmender technischer Weiterentwicklung der hochfrequenztechnisch schwer beherrschbaren Multiantennenapplikatoren und mit deren verbesserter Planbarkeit der Therapie auch Entwicklungslinien für andere Körperregionen eingeschlagen werden, wie z.B. im Halsbereich (Kopf-Hals-Karzinome) oder an der Thoraxwand (Mammakarzinome bzw. -rezidive).
Aufgrund der außerordentlich hohen Perfusion im Halsbereich werden auch bei optimaler Technik nicht immer die wünschenswerten Temperaturen erreichbar sein. Es ist aber bis heute nicht gesichert, welche minimalen Temperaturen wirklich für eine effektive Zusatztherapie notwendig sind. Die nicht-invasive Thermometrie, sofern sie zusätzlich zur regionalen Hyperthermie etabliert werden kann, wird in diesem Zusammenhang wertvolle Informationen liefern. Erst dann ist eine Quantifizierung der Qualität von Temperaturverteilungen möglich und deren Korrelation mit einem klinischen Effekt. Vielleicht ist eine Perfusionsänderung im Tumor wichtiger als die Temperatur selbst. Beide physiologischen Größen sind jedoch in der magnetischen Resonanztomografie erkennbar.
Die jetzt schon vorliegenden klinischen Ergebnisse lassen eine weitere Erforschung und technologische Entwicklung der Hyperthermie in allen ihren Anwendungsformen äußerst interessant erscheinen. Neue molekularbiologische Erkenntnisse lassen dabei attraktive Kombinationen mit Gentherapie und Immuntherapie möglich erscheinen, neben den schon »klassischen« Kombinationstherapien mit Chemo- und/oder Radiotherapie.

Literatur

1 Datta NR, Bose AK, Kapoor HK, Gupta S (1990) Head and neck cancers: results of thermoradiotherapy versus radiotherapy. Int J Hyperthermia 6: 479–486
2 Dinges S, Budach V, Stuschke M, Budach W, Boehmer D, Schrader M, Jahnke K, Sack H (1997) Chemo-radiotherapy for locally advanced head and neck cancer – long-term results of a phase II trial. Eur J Cancer 33 (7): 1152–1155
3 Feyerabend T, Steeves R, Wiedemann GJ, Weiss C, Wagner T, Richter E, Robins HI (1996) Local hyperthermia, radiation, and chemotherapy in locally advanced malignancies. Oncology 53 (3): 214–220
4 Feyerabend T, Steeves R, Wiedemann GJ, Richter E, Robins HI (1997) Rationale and clinical status of local hyperthermia, radiation, and chemotherapy in locally advanced malignancies. Anticancer Res 17 (4b): 2895–2897
5 Gatenby RA, Kessler HB, Rosenblum JS et al (1988) Oxygen distribution in squamous cell carcinoma metastases and its relationship to outcome of radiation therapy. Int J Radiat Oncol Biol Phys 14: 831–838
6 Hoeckel M, Schlenger K, Knoop C, Vaupel P (1991) Oxygenation of carcinomas of the uterine cervix: evaluation by computerized O_2 tension measurements. Cancer Res 51: 3316–3322
7 Hoeckel M, Knoop C, Schlenger K et al (1993) Intratumoral pO_2 predicts survival in advanced cancer of the uterine cervix. Radiother Oncol 26: 45–50
8 Overgaard J, Gonzalez Gonzalez D, Hulshof MC, Arcangeli G, Dahl O, Mella O, Bentzen SM (1995) Randomised trial of hyperthermia as adjuvant to radiotherapy for recur-

rent or metastatic malignant melanoma. European Society for Hyperthermic Oncology [see comments]. Lancet 345: 540–543

9 Overgaard J, González-González D, Hulshof MCCH, Arcangeli G, Dahl O, Mella O, Bentzen SM (1996) Hyperthermia as an adjuvant to radiation therapy of recurrent or metastatic malignant melanoma. A multicentre randomized trial by the European Society of Hyperthermic Oncology. Int J Hyperthermia 12: 3–20

10 Overgaard J, Horsman MR (1996) Modification of hypoxia-induced radioresistance in tumors by the use of oxygen and sensitizers. Semin Radiat Oncol 6 (1): 10–21

11 Riess H, Wust P (2000) Tumoren des Kopf- und Halsbereiches. In: Wilmanns W, Huhn D, Wilms K (Hrsg) Internistische Onkologie; 2. Aufl. Thieme Verlag, Stuttgart New York, S 643–656

12 Sneed PK, Stauffer PR, McDermott MW et al (1998) Survival benefit of hyperthermia in a prospective randomized trial of brachytherapy boost ± hyperthermia for glioblastoma multiforme. Int J Radiat Biol Phys 40: 287–295

13 Stahl H, Wust P, Graf R, Löffel J, Bier J, Riess H, Jahnke V, Felix R (1997) Phase I/II-Studie zur lokalen Hyperthermie zervikaler N2/N3-Lymphknotenmetastasen. Strahlenther Onkol 173 (4): 219–229

14 Valdagni R, Amichetti M (1993) Report of long-term follow-up in a randomized trial comparing radiation therapy and radiation plus hyperthermia to metastatic lymphnodes in stage IV head and neck patients. Int J Radiat Oncol Biol Phys 28: 163–169

15 Van der Zee J, González-González D, van Rhoon GC, van Dijk JPD, van Putten WLJ, Hart AAM (2000) Comparison of radiotherapy alone with radiotherapy plus hyperthermia in locally advanced pelvic tumours: a prospective, randomised, multicentre trial. Lancet 355: 1119–1125

16 Vernon C, Hand JW, Field SB, Machin D, Whaley JB, van der Zee J, van Putten WL, van Rhoon GC, van Dijk JDP, González-González D, Liu FF, Goodman PO, Sherar M (1996) Radiotherapy with or without hyperthermia in the treatment of superficial localized breast cancer: results from five randomized controlled trials. Int J Radiat Oncol Biol Phys 35: 731–744

17 Vujaksovic Z, Poulson JM, Gaskin AA, Thrall DE, Page RL, Charles HC, MacFall JR, Brizel DM, Meyer RE, Prescott DM, Samulsi TV, Dewhirst MW (2000) Temperature-dependent changes in physiologic parameters of spontaneous canine soft tissue sarcomas after combined radiotherapy and hyperthermia treatment. Int J Radiat Oncol Biol Phys 46 (1): 179–185

18 Waterman FM, Nerlinger RE, Moylan DJ, Leeper DB (1987) Response of human tumor blood flow to local hyperthermia. Int J Radiat Oncol Biol Phys 13: 75–82

19 Waterman FM, Tupchong L, Liu CR (1991) Modified thermal clearance technique for determination of blood flow during local hyperthermia. Int J Hyperthermia 7: 719–733

20 Wust P, Stahl H, Löffel J, Seebass M, Riess H, Felix R (1995) Clinical, physiological and anatomical determinants for radiofrequency hyperthermia. Int J Hyperthermia 11: 151–167

21 Wust P, Stahl H, Dieckmann K, Scheller S, Löffel J, Riess H, Jahnke V, Bier J, Felix R (1996) Local hyperthermia of N2/N3 cervical lymphnode metastases: correlation of technical/thermal parameters and response. Int Radiat Oncol Biol Phys 34: 635–646

22 Wust P, Beck R, Berger J, Fähling H, Seebass M, Wlodarczyk W, Hoffmann W, Nadobny J (2000) E-field distributions in the 12x2-antenna applicator SIGMA-Eye – Measurements and calculations. Med Phys 27 (11) (in press)

Biomodulation der Strahlenreaktion

M. Henke
Strahlenheilkunde, Radiologische Universitätsklinik, Freiburg i.Br.

Definition und Fragestellung

Die Behandlung von Tumorrezidiven im Kopf-Hals-Bereich stellt eine Herausforderung für den Therapeuten dar: Da die Erkrankung meist fortgeschritten und die Region durch intensive Vorbehandlung belastet ist, sind aggressive Therapien, sei es operativ oder strahlentherapeutisch, oft nicht durchführbar, und die geringe Chemosensibilität dieser Tumoren erlaubt selten eine dauerhafte Krankheitskontrolle. Deshalb zielen neue Behandlungsstrategien darauf ab, bisherige Therapiemodalitäten wirksamer oder nebenwirkungsärmer zu gestalten. So sollen auch Biomodulatoren die strahlentherapeutische Effizienz erhöhen. Ihr Einsatz ist allerdings bislang experimentell, und gesicherte Kenntnisse über ihre Wirksamkeit bei der Therapie von Tumorrezidiven im Kopf-Hals-Bereich bestehen nicht. Selbst der Begriff »Biomodulation einer Strahlenantwort« ist nicht genau definiert. In Analogie zur Biomodulation der Immunantwort soll im Folgenden eine Veränderung der Strahlenantwort (stärker oder geringer) durch physiologisch vorkommende Regulatorproteine/-peptide verstanden werden.

Bestrahlungsmodulierende Wirkung kann entweder mit den klinischen Endpunkten Palliation (Lebensqualität) und Kuration (Überleben, krankheitsfreies Überleben, lokale Tumorkontrolle, krebsspezifisches Überleben) oder durch strahlenbiologische Zielvariablen erfasst werden. Die klinisch wichtige Palliation (insbesondere der Erythropoietintherapie) wird hier nicht näher erläutert. Vielmehr soll – beispielhaft – die strahlenmodifizierende Wirkung von Interferonen und Erythropoietin nach experimentellen und klinischen – Kurations-intendierten – Daten betrachtet werden. Beide Substanzen modulieren die Strahlenempfindlichkeit: Interferon durch direkte Beeinflussung der Tumorzelle, Erythropoietin indirekt, über eine Änderung des Tumorzellmilieus.

Interferone/Erythropoietin – Physiologie

Interferon und Erythropoietin haben, trotz teilweise ähnlicher radiobiologischer Eigenschaften, durchaus unterschiedliche physiologische Funktionen: Interferone, erstmals 1957 beschrieben (45), induzieren nach Rezeptorstimulation (77) und Aktivierung des genomischen ISRE (Interferon Stimulated Response Element) Interferon-Zielgene (65). Es resultieren erhöhte Transkription antiviraler Proteine (3), Veränderungen von Zellzyklus, -differenzierung und -proliferation (3, 19, 46, 49) und modifizierte Immunregulation (20). Erythropoietin, andererseits, wird als renales Glykoproteid (8) bei Reduktion des Gewebssauerstoffpartialdruckes (28) freigesetzt. Es stimuliert determinierte erythroide Vorläuferzellen (BFU-E und CFU-E) (36, 38) zu Proliferation und Reifung in Retikulo-Erythrozyten. Diese Vermehrung von Sauerstofftransportträgern im Blut bewirkt letztlich eine verbesserte Gewebsoxygenierung.

Interferone – klinische Beobachtungen

Klinischen Studien belegen, dass Interferone die Wirksamkeit einer Bestrahlung verändern (Tab. I). Dabei werden sowohl ein radioprotektiver Effekt für Normalgewebe (21, 30, 69) als auch eine radiosensibilisierende Wirkung, z.B. für Bronchialkarzinome, beschrieben (52); letzteres ist allerdings nicht unwidersprochen (16). Auch bei anderen Tumorentitäten ergibt sich ein buntes Bild: In zwei randomisierten Untersuchungen, bei Bestrahlungspatienten mit kindlichen Hirnstammgliomen (58) und adulten Glioblastomen (39), erfolgt durch zusätzliches Interferon-β keine Prognoseverbesserung, im Gegensatz zu einer anderen Studie an kindlichen Hirnstammtumoren unter Radio/ACNU-Therapie (75). Ähnlich heterogen ist das Nebenwirkungsmuster der Kombination Interferon/Bestrahlung: Patienten mit Bronchial- (44, 51) und Ösophaguskarzinomen (73) leiden unter Interferon-α vermehrt unter Ösophagitiden und Pneumonitiden, bei Interferon-γ unter ausgeprägten, teilweise sogar lebensgefährlichen Pneumonitiden (66). Für Interferon-β scheint hingegen die Inzidenz von Strahlentherapie-bedingten Nebenwirkungen nicht erhöht (13, 16, 39, 52, 58, 75).

Interferone – Experimentelle Daten

Ähnlich den klinischen Beobachtungen ist im Experiment der Bestrahlungs-modifizierende Effekt der Interferone heterogen. Er scheint von der jeweiligen Tumorzelle abzuhängen: Überadditive (35, 62, 63) und additive Wirkungsverstärkung (6, 64) werden, je nach bestrahlter Zellart,

Tabelle I. Interferon/Radiotherapie: Klinische Studien; NSCLC: nicht-kleinzellige Bronchialkarzinome; SCLC: kleinzellige Bronchialkarzinome; CR: komplette Remission; PR: partielle Remission; ÜL: Überleben; nach (64).

Publikation	IFN	Dosis, Applikation	Tumor	Wirkung	Nebenwirkungen	Bemerkungen
Bund 1998 (13)	n-IFN-β	3 × 5 Mio I.E. i.v./Wo; Wo 1,3,5	NSCLC	4/14 CR 7/14 PR 37% 3-J-ÜL	Fieber Gliederschmerzen	Radiogene Nebenwirkungen nicht wesentlich verstärkt
Byhardt 1996 (16)	r-IFN-β1a	1,5–24 Mio I.E./m² s.c./Tg	NSCLC	1/15 CR 6/15 PR	Ösophagitis 1/14 Übelkeit 1/14 Gewichtsverlust 1/14 Transaminasenanstieg 1/14	Pneumonitis, ARDS 1 Pat. (DLT) MTD 12 I.E./m²d
McDonald 1993 (52)	r-IFN-β1b	3 × 1–9 Mio I.E. i.v./Wo; Wo 1,3,5	NSCLC	14/32 CR 12/32 PR 31% 5-J-ÜL	Fieber 8/32 Kopfschmerzen 4/32 Übelkeit 3/32 Pneumonitis 3/32	Ösophagitis und Pneumonitis bei r-IFH-β1b-Therapie geringer
Harada 1996 (39)	IFN-β	5 × 2 Mio I.E. i.v./Wo; Wo 1–8	Glioblastom	Kein Vorteil im Vergl. zu histor. Kollektiv	Fieber, Myelosuppression	IFN-β parallel zur Bestrahlung und MCNU
Packer 1996 (58)	r-IFN-β	3 × 1,2–40 Mio I.E. i.v./Wo; Wo 1–8	Kindliche Hirnstammgliome	2/32 CR 5/32 PR 9 Mo median ÜL	Übelkeit, Neutropenien, Renale Hypertension, Epitheliolyse (Grad 3)	Keine erhöhte Neurotoxizität. Kein Überlebensvorteil zu retrospektivem Kollektiv
Wakabayashi 1992 (75)	IFN-β	5 × 1,5 Mio I.E. i.v./Wo; Wo 1+6	Kindliche Hirnstammgliome	3/16 CR 7/16 PR 15,7 Mo median. ÜL	Myelosuppression 5/16 Übelkeit/Erbrechen 8/16	Gleichzeitig ACNU: Besserung von Überleben
Holsti 1987 (44)	IFN-α	5 × 80 Mio I.E. i.v./Wo 1; danach 3 × 0,6 Mio I.E./Wo	SCLC	4/7 CR 3/7 PR	Schwere Pneumonitis 3/7 Progression in Lungenfibrose 3/7, Ösophagitis	Reduktion der Strahlendosis wegen pulmonaler Nebenwirkungen
Holsti 1987 (44)	IFN-α	3 × 0,6 Mio I.E. i.m./Wo	SCLC	2/5 CR 3/5 PR	Schwere Pneumonitis 1/5 Lungenfibrose 1/5	Reduktion der Strahlendosis wegen pulmonaler Nebenwirkungen
Maasilta 1992 (51)	n-IFN-α	5 × 3 Mio I.E. i.m./Wo + 5 × 1,5 Mio I.E. inhalativ/Wo	NSCLC	0 CR 6/10 PR	Pneumonitis (Grad 2) 6/10 Lungenfibrose 1/10 Schwere Ösophagitis 4/10	Im Vergl. zu randomisierten Kontrollen kein besseres Ansprechen
Torrisi 1986 (73)	r-IFN-α2b	3–5 × 2–5 Mio I.E. s.c./m²/Wo	NSCLC 9 Pt Ösophagus-Ca 3 Pt Andere 4 Pt	1/16 CR 5/16 PR	Fieber, Anorexie Schwere Ösophagitis	Deutliche Verstärkung radiogener Nebenwirkungen
Perera 1997 (59)	r-IFN-α2a	3 × 3–6 Mio I.E. s.c./Wo	Inop. Rektumkarzinome	2/10 CR 5/10 PR	Leukopenie 3/10 Durchfälle 1/10 Epitheliolysen 2/10	Periph. Neuropathie 2/10, Ureterstenose 1/10
Vokes 1993 (74)	r-IFN-α2a	5 × 0,5–5 Mio I.E. s.c./Wo (Cisplatin 8–10 mg/m² Dauerinfusion)	NSCLC 24 Pt Andere 24 Pt	2/24 CR 9/24 PR	Pneumonitis 3/48 Leukopenie 10/48 Mukositis 1/48	Gut verträglich

beschrieben. Möglicherweise erklärt diese linienspezifische Modulation der Strahlenantwort die klinisch beobachtete radiosensibilisierende Wirkung von Interferon für Tumorgewebe bei gleichzeitiger Radioprotektion von Normalgewebe (21, 30, 52, 69).
Der Mechanismus der antiproliferativen und strahlensensibilisierenden Wirkung der Interferone ist nicht gänzlich aufgedeckt. Experimentelle Daten belegen eine Interferon-induzierte Tumorzelldifferenzierung (49, 53). Strahlenbiologisch findet sich bei Interferonbehandlung eine Abflachung der Schulter der Überlebenskurve und, dosisabhängig, eine Zunahme der α-Komponente des Zellüberlebens (25). Dies kann als verminderte Reparaturfähigkeit gedeutet werden. Andererseits bewirkt Interferon Alterationen der Zellzyklusregulation (10): behandelte Zellen akkumulieren in G2/M (18), wo sie, wenn bestrahlt, eine Reduktion der Schulter erfahren (9, 68). Die Zunahme der α-Komponente kann auch durch erhöhte Apoptoseinduktion erklärt werden (40). Erstaunlicherweise ist nun gerade der überadditive, strahlenwirkungsverstärkende Interferoneffekt unter LDR-Bestrahlung vom Zellzyklus abhängig: Zellen in konfluenter Wachstumsphase (G1/S) werden, vergleichsweise zu exponentiell wachsenden Zellen, weniger durch zusätzliches Interferon zur Bestrahlung geschädigt (64). Sie sind an einer wesentlichen Schaltstelle des Zellzyklus arretiert: G1/S-Zellen reparieren entweder einen genomischen Strahlenschaden oder gehen in die Apoptose (27). Andererseits werden Zellen mit zusätzlichen genetischen Defekten, z.B. mit fehlendem Retinoblastomgen, durch Interferon in die S-Phase promoviert und der Strahlenschaden dadurch fixiert (70). Diese Beobachtung bietet eine Erklärung für das unterschiedliche Ansprechen auf die Kombination Bestrahlung/ Interferon: Genetisch veränderte Zellen fixieren den Strahlenschaden, gesunde hingegen werden apoptotisch (22, 61).

Dies ist von klinischer Relevanz: Sollte die strahlensensibilisierende Wirkung von Interferon von der genetischen Ausstattung der Zelle determiniert werden, so müssen vor einer Kombination von Bestrahlung mit Interferon diejenigen Tumoren identifiziert werden, die von dem Zytokin profitieren können.

Der Hämoglobineffekt – Rationale für Erythropoietin

Eine biomodulatorische Eigenschaft von Erythropoietin wird aufgrund der engen Korrelation von Sauerstofftransportträgern im peripheren Blut und Radiokurabilität postuliert. In Übersichtsarbeiten haben *Overgaard* und *Dische* den Stand der Literatur zusammengefasst: Untersuchungen an mehr als 12 000 Patienten belegen, dass Patientenüberleben und lokoregionäre Tumorkontrolle von der Bluthämoglobinkonzentration abhängen (24, 57). Wir können dies an 889 eigenen Patienten mit Kopf-Hals-Tumoren belegen: Alle sind konventionell, ohne Chemosensibilisierung oder Split-Course-Design mit 60 Gy (± 2 Gy) behandelt, 666 postoperativ, die anderen primär definitiv. In diesem homogenen Patientengut findet sich multivariat ein signifikanter Zusammenhang von lokoregionärer Tumorkontrolle im Bestrahlungsfeld sowohl mit bekannten Risikofaktoren (T- und N-Stadium, Tumorlokalisation, Resektion und Resektionstatus) als auch – unabhängig – mit der prätherapeutischen Bluthämoglobinkonzentration (29). Es ist bemerkenswert, dass der Hämoglobinwert die strahlentherapeutische Effizienz als kontinuierliche Variable beeinflusst; d.h. mit jedem g/100 ml reduziert sich die Lokalrezidivwahrscheinlichkeit um 0,65 (95% c.i.: 0,6–0,7; p = 0,0001) (29). Ähnliche Beobachtungen sind publiziert (7, 78) und erinnern an eine Dosis-Wirkungs-Beziehung (Abb. 1), die bei kontinuierlicher Anhebung der Bluthämoglobinwerte eine stetige Steigerung der Tumorkontrolle erwarten lässt.

Der Zusammenhang zwischen Bluthämoglobinwerten und Tumorkontrolle ist lange als Paraphänomen gedeutet worden, da fortgeschrittene Tumoren häufiger mit einer Anämie assoziiert sind. Wahrscheinlich beeinflusst aber die Hämoglobinkonzentration die Wirksamkeit einer Strahlentherapie:

1) Durch multivariate Analysen ist die Unabhängigkeit der Bluthämoglobinkonzentration von anderen, bekannten Risikofaktoren eindeutig belegt (29).
2) Die Anämie ist prädiktiv für die lokale Tumorkontrolle im Bestrahlungs-/Behandlungsgebiet, nicht jedoch für eine Krankheitsdisseminierung (15).
3) Bei Patienten, die postoperativ bestrahlt werden, ist der Hämoglobinwert vor Strahlentherapie von höherer prognostischer Wertigkeit als

Abbildung 1

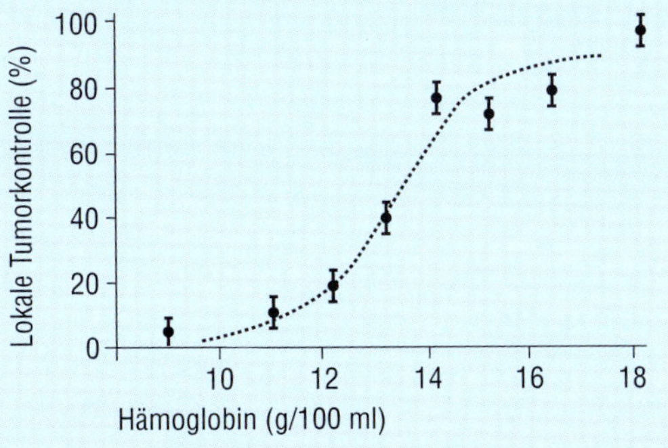

Abhängigkeit von Tumorkontrolle zur prätherapeutischen Bluthämoglobinkonzentration: Aktuarische Analyse nach fünf Jahren; Männer (n = 799), Kopf-Hals-Tumoren, 60 Gy; nach (42).

der präoperative Blutwert, der eher mit dem natürlichen Krankheitsverlauf vergesellschaftet ist (eigene Beobachtungen).

Der Wirkmechanismus des Hämoglobineffekts ist nicht umfänglich verstanden. Es wird aber davon ausgegangen, dass eine Reduktion der Sauerstofftransportträger im peripheren Blut die Oxygenierung des ohnehin schlecht vaskularisierten Tumorgewebes weiter verschlechtert. Erste Untersuchungen weisen auf eine schwache Korrelation zwischen Sauerstoffspannung im Tumor und Bluthämoglobinkonzentration (54). Bei niedrigen Hämoglobinwerten scheint jedoch ein enger Zusammenhang beider Parameter zu bestehen (5, 11). pO_2-Gewebspartialdrücke, die niedriger als 10 mmHg sind, erhöhen die Strahlenresistenz drastisch (37) und ungünstige Tumorkontrollraten sind die Folge (4, 12, 31, 43).

Erythropoietinwirkung

Klinisch-experimentelle Daten zum Sauerstoffeffekt und klinische Beobachtungen zum Hämoglobineffekt sowie die enge Korrelation beider Phänomene lassen eine Korrektur erniedrigter Hämoglobinwerte für radioonkologische Patienten sinnvoll erscheinen. Dies erfolgte bis heute, wenig systematisch, meist durch Bluttransfusionen; so zeigt auch eine Studie (14) signifikant verbesserte lokale Tumorkontrollraten von Bestrahlungspatientinnen nach Bluttransfusion. Transfusionen per se sind jedoch nicht unproblematisch: neben Akutreaktionen (76), erhöhtem Infektionsrisiko (34) und möglicher reduzierter Immunkompetenz gegen Tumorzellen (60, 67) sollte eine verminderte Sauerstofftransportkapazität transfundierten Blutes nicht unerwähnt bleiben. Es scheint daher wünschenswert, erniedrigte Bluthämoglobinwerte durch Stimulation der autologen Hämatopoese zu korrigieren. Dies kann wirkungsvoll durch rekombinantes humanes Erythropoietin (rhEPO) erfolgen (1, 50, 56).
Vier Pilotstudien haben bisher rhEPO bei Bestrahlungspatienten untersucht (26, 41, 47, 71) (s. Tab. II). Bei vergleichbaren Einschlusswerten für Bluthämoglobinkonzentration (< 13 oder < 12 g/100 ml) streben sie ähnliche Zielhämoglobinwerte an (14 oder 15 g/100 ml). rhEPO wird in Dosen von 415–1000 U/kg/Woche gegeben, meist, außer in einer Studie (41), subkutan. Alle Patienten werden mit Eisen supplementiert, meist peroral. Alle Untersuchungen berichten einen raschen Hämoglobinanstieg (0,4–0,7 g/100 ml/Woche), sodass Bluthämoglobinspiegel bei Ende der Strahlentherapie zwischen 13,2 und 15,1 g/100 ml betragen. Etwa $^3/_4$ der Patienten dürfen somit nach zwei Wochen adäquater rhEPO-Behandlung mit Hämoglobinwerten im Normalbereich rechnen. Eine der Untersuchungen berichtet einen Trend zur verbesserten lokalen Tumorkontrolle (41), eine weitere eine Verbesserung der Lebensqualität (71). Dieser Ein-

Tabelle II. Erythropoietin in der Radioonkologie: Synopsis publizierter Untersuchungen.

Publikation	Fragestellung	Design	Einschluss-Hb, g/100 ml	Ziel-Hb, g/100 ml	rhEPO-Dosis	Fe-Substitution	Hb-Anstieg, g/100 ml/Wo	Klin. Endpunkt
Lavey 1993 (47)	Hb-Korrektur?	prospektiv	< 13,5	15	3 × 300 U/kg/Wo s.c. Wo 1; 2 × 150	3 × 325 mg p.o.	0,6	
Duesenbery 1994 (26)	Hb-Korrektur?	prospektiv-retrospektiv	< 12,5	14	5 × 200 U/kg/Wo s.c. Wo 1/2; 3 × 200	3 × 325 mg p.o.	0,5	
Sweeney 1998 (71)	Hb-Korrektur? Lebensqualität?	randomisiert multizentrisch	< 13 m, < 12 w	15 m, 14 w	5 × 200 U/kg/Wo s.c.; Ziel-Hb err.: 50%	3 × 325 mg p.o.	0,4	Lebensqualität fraglich besser
Henke 1999 (41)	Hb-Korrektur? Krankheitskontrolle?	randomisiert multizentrisch	< 12, (> 9)	15 m, 14 w	3 × 150 (300) U/kg/Wo i.v. (s.c.)	800 mg zu Beginn i.v.	0,7	Krankheitskontrolle fraglich besser

fluss von rhEPO auf die Lebensqualität ist belegt (17, 48) und durch breite Anwendungsstudien bestätigt; bemerkenswerter Weise erfahren dabei alle Patienten, auch die mit progredienter Tumorerkrankung, eine Verbesserung ihrer Lebensqualität bei ansteigenden Hämoglobinwerten (23, 33).
In laufenden Studien deutet sich eine Verbesserung der Strahlentherapie durch rhEPO an: Patienten, die präoperativ mit 50 Gy bestrahlt und 5-FU/MMC und zusätzlich rhEPO erhalten, haben signifikant verbesserte komplette pathologische Remissions- und Tumorkontrollraten, verglichen zu einem historischen Kontrollkollektiv (67%, 89%; versus 27%, 70%) (32). Vergleichbar wird die Lokalkontrolle nach der Bestrahlung von Tumoren im kleinen Becken durch rhEPO verbessert (88% versus 77%) (2). Letztere Untersuchung, mit 704 Patienten, ist prospektiv und randomisiert. Eigene Ergebnisse stützen diese Berichte: Patienten, die nach Operation von Kopf-Hals-Tumoren bestrahlt werden, dürfen mit einer 78%igen Lokalkontrollwahrscheinlichkeit nach drei Jahren rechnen, wenn sich ihre Hämatopoese wirkungsvoll stimulieren lässt. Können die Hämoglobinwerte nicht ausreichend gesteigert werden, beträgt sie nur 49%.

Erythropoietin – onkologische Perspektiven

Der Stellenwert von rhEPO in der Onkologie ist Gegenstand zahlreicher klinischer und experimenteller Fragestellungen (Tab. III). Seine Wirkung auf Hämatopoese und Lebensqualität der Patienten ist gut belegt. Gegenwärtige Studien konzentrieren sich deshalb darauf, den Einfluss von rhEPO auf die Kurationsmöglichkeiten von Strahlentherapie (oder auch Chemotherapie) zu untersuchen. So wird diese Zielsetzung randomisiert und doppelblind an Patienten mit Kopf-Hals-Tumoren in einer Studie in Deutschland, Frankreich, der Schweiz und Österreich (ARO, MF 4449) verfolgt. Sie hat bereits 260 von 350 Patienten rekrutiert und mit einem Studienergebnis wird Anfang 2001 gerechnet. Eine ähnliche Untersuchung mit 762 Patienten gleicher Tumorentität wird derzeit von der EORTC initiiert. Ferner wird das kurative Potenzial von rhEPO von spanischen Arbeitsgruppen bei Patienten mit Bronchus- und mit Zervixkarzinom evaluiert. Innovative Behandlungskonzepte, die rhEPO integrieren, sind in Deutschland für Patienten mit Mamma-, Zervix- und nichtkleinzelligen Bronchuskarzinomen aktiviert oder in Planung.
Der mechanistische Zusammenhang von Hämoglobinkonzentration und möglicher Kuration durch Bestrahlung wird intensiv untersucht (72). Es ist zu hoffen, dass eine bessere Charakterisierung der Dynamik von Hämoglobinanstieg und resultierender Tumorkontrolle der Klinik detaillierte Anhaltspunkte für Beginn und Dosierung einer rhEPO-Therapie von

Tabelle III. Erythropoietin in der Radioonkologie: aktuelle Fragestellungen.

	Thematik	Fragestellung
Wirkung	Mechanismus der Radiosensibilisierung	Tumorhypoxiereduktion?
	Kinetik des Hämoglobinanstiegs	Dosis, Applikation (s.c., i.v.), Begleitmedikation (Eisen, p.o., i.v.)?
	Zeitpunkt der rhEPO-Gabe	Start der rhEPO-Gabe (vor oder während der Bestrahlung)?
Indikation	Beeinflussung der Hämatopoese	Transfusionsreduktion? Anämiekorrektur, Hb-Anstieg? Vermeidung eines Hb-Abfalls während Chemo-/Radiotherapie?
	Veränderung des Befindens	Beeinflussung von Lebensqualität, -leistungsfähigkeit?
	Verbesserung der Radiotherapie	Einfluss auf Tumoransprechen, Heilungsrate?
	Abhängigkeit von der Therapiemodalität	Restriktion auf Modalität?
	Alteration des Krankheitsverlaufs	Maligne Progression, Metastasierung?
	Beeinflussung von Begleiterkrankungen (z.B. Arteriosklerose, KHE, usw.)	Spontanverlauf, Überlebensrate?
Nebenwirkung		Substanz-assoziierte Nebenwirkungen? Strahlentherapie-assoziierte Nebenwirkungen?

Tumorpatienten an die Hand gibt. Künftige klinische Protokolle werden den Stellenwert von rhEPO in bestimmten Therapiemodalitäten (oder Kombination der Modalitäten) erarbeiten. Auch bedarf der Einfluss von Veränderungen der Hämoglobinkonzentration auf den spontanen Verlauf von Tumor- und Begleiterkrankung weiterer Erhellung. Obwohl nur wenige Nebenwirkungen von Erythropoietin beschrieben sind, benötigen gerade Untersuchungen, die eine Radiosensibilisierung von rhEPO postulieren, einer genauen Beschreibung des Toxizitätsspektrums.

Zusammenfassung und Ausblick

Für die problematische Behandlung des Tumorrezidivs im Kopf-Hals-Bereich sind neben Verfeinerungen »etablierter« Therapieverfahren neue, innovative Behandlungskonzepte gefragt. Das vorliegende Referat behandelt, beispielhaft an Interferonen und Erythropoietin, die Wirkung »biomodulierender« Substanzen der Strahlenreaktion. Beide Zytokine sind bereits unverzichtbarer Bestandteil der modernen Radioonkologie. Als physiologische Regulatorproteine greifen sie in die Strahlenantwort der Tumorzelle ein, Interferone durch Veränderung der individuellen Tumorzellzyklussteuerung, Erythropoietin durch Alteration des Tumorzellmilieus. Klinisch bewirken beide Biomodulatoren Veränderungen der Strahlenempfindlichkeit: Interferone lassen dabei eine substanzklassen- und zelllinienspezifische Heterogenität in Wirkungs- und Toxizitätsprofil erkennen. Für ihren künftigen klinischen Einsatz sind detaillierte Tumorcharakterisierungen notwendig. Die Modifikation des Tumorzellmilieus durch rhEPO scheint derzeit dem einfacheren Wirkungsmuster einer verbesserten Gewebsoxygenierung zu folgen. Diese erhöht Lebensqualität, wahrscheinlich die Kurationsrate und möglicherweise, jedoch gering, die Strahlentoxizität. Beide Substanzen sollten gegenwärtig sowohl in der Primär- als auch der Rezidivtherapie klinischen Studien vorbehalten sein.

Literatur

1 Abels R (1993) Erythropoietin for anemia in cancer patients. Eur J Cancer (suppl) 29: 2–8

2 Antonadou D, Cardamakis E, Sarris G, Tzigounis V, Throuvalas V (1998) Effect of the administration of recombinant human erythropoietin in patients with pelvic malignancies during radiotherapy. Radiother Oncol (suppl) 48: 483

3 Baron S, Tyring SK, Fleischmann WR, Coppenhaver DH, Niesel DW, Klimpel GR, Stanton J, Hughes TH (1991) The interferons – mechanisms of action and clinical application. JAMA 266: 1375–1383

4 Becker A, Hänsgen G, Bloching M, Weigel C, Lautenschläger C, Dunst J (1998) Oxygenation of squamous cell carcinoma of the head and neck: comparison of primary tumors, neck node metastases and normal tissue. Int J Radiat Oncol Biol Phys 42: 35–41

5 Becker A, Stadler P, Lavey RS, Kuhnt T, Lautenschlager C, Feldmann HJ, Molls M, Dunst J (2000) Severe anemia is associated with poor tumor oxygenation in head and neck squamous cell carcinomas. Int J Radiat Oncol Biol Phys 46: 459–466

6 Benediktson, Nederman T (1984) Effects of interferon on growth rate and radiation sensitivity of cultured, human glioma cells. Acta Radiol Oncol 21: 231–234

7 Bentzen S, Johansen LV, Overgaard J, Thames HD (1991) Clinical radiobiology of squamous cell carcinoma of the oropharynx. Int J Radiat Oncol Biol Phys 20: 1197–1206

8 Beru N, McDonald J, Lacombe C, Goldwasser E (1986) Expression on the erythropoietin gene. Mol Cell Biol 6: 2571–2575

9 Biade S, Stobbe CC, Chapmann JD (1997) The intrinsic radiosensitivity of some human tumor cells through their cell cycle. Radiation Res 147: 416–421

10 Borden EC (1984) Progress toward therapeutic application of interferons, 1979–1983. Cancer 54: 2770–2776

11 Brizel DM (1999) Human tumor oxygenation: The Duke University Medical Center experience. In: Vaupel P, Kelleher DK (eds) Tumor hypoxia. Pathophysiology, clinical significance and therapeutic perspectives. Wissenschaftliche Verlagsgesellschaft, Stuttgart, p 29–38

12 Brizel DM, Sibley GS, Prosnitz LR, Scher RL, Dewhirst MW (1997) Tumor hypoxia adversely affects the prognosis of carcinoma of the head and neck. Int J Radiat Oncol Biol Phys 38: 285–289

13 Bund J, Eberhardt K, Hartmann W, Habermalz HJ (1998) Behandlung lokoregionär fortgeschrittener nichtkleinzelliger Bronchialkarzinome im Stadium IIIB mit Bestrahlung und Interferon. Strahlenther Onkol 174: 300–305
14 Bush RS (1986) The significance of anemia in clinical radiation therapy. Int J Radiat Oncol Biol Phys 12: 2047–2050
15 Bush RS, Jenkin RD, Allt WE, Beale FA, Bean H, Dembo AJ, Pringle JF (1978) Definitive evidence for hypoxic cells influencing cure in cancer therapy. Br J Cancer (suppl) 37: 302–306
16 Byhardt RW, Vaickus L, Witt PL, Chang A W, McAuliffe T, Wilson F, Lawnton CA, Breitmeyer J, Alger ME, Bordon EC (1996) Recombinant human interferon-β (rHu-IFN-β) and radiation therapy for inoperable non-small cell lung cancer. J Interferon Cytokine Res 16: 891–902
17 Case DC Jr, Bukowski RM, Carey RW, Fishkin EH, Henry DH, Jacobson RJ, Jones SE, Keller AM, Kugler JW, Nichols CR (1993) Recombinant human erythropoietin therapy for anemic cancer patients on combination chemotherapy. J Natl Cancer Inst 85: 801–806
18 Chang AYC, Keng PC (1987) Potentiation of radiation cytotoxicity by recombinant interferons, a phenomenon associated with increased blockage at the G2-M phase of the cell cycle. Cancer Res 47: 4338–4341
19 Chin YE, Kitagawa M, Kuida K, Flavel RA, Fu XY (1997) Activation of the STAT signaling pathway can cause expression of caspase 1 and apoptosis. Mol Cell Biol 17: 5328–5337
20 Cirelli R, Tyring SK (1995) Major therapeutic uses of interferons. Clin Immunother 3: 27–87
21 Cong XL, Wang XL, Su Q, Yan S, Cai L (1998) Protective effects of extracted human liver RNA, a known interferon inducer, against radiation-induced cytogenetic damage in male mice. Toxicol Let 94: 189–198
22 Darnowski JW, Leith JT, Goulette FA, Davol PA, Calabresi P (1997) Human recombinant interferon alpha-2a enhances the cytotoxicity of ionizing radiation in DU145 human prostate carcinoma cells. Proc Annu Meet Am Assoc Cancer Res 38: A2862
23 Demetri GD, Kris M, Wade J, Degos L, Cella D (1998) Quality-of-life benefit in chemotherapy patients treated with epoetin alpha is independent of disease response or tumor type: results from a prospective community oncology study. Procrit Study Group. J Clin Oncol 16: 3412–3425
24 Dische S (1991) Radiotherapy and anaemia – the clinical experience. Radiother Oncol 20 (suppl 1): 35–40
25 Dritschilo A, Mossmann K, Gray M, Sreevalsan T (1982) Potentiation of radiation injury by interferon. Am J Clin Oncol 5: 79–82
26 Dusenbery KE, McGuire WA, Holt PJ, Carson LF, Fowler JM, Twiggs LB, Potish RA (1994) Erythropoietin increases hemoglobin during radiation therapy for cervical cancer. Int J Radiat Oncol Biol Phys 29: 1079–1084
27 Fisher DE (1994) Apoptosis in cancer therapy: crossing the threshold. Cell 78: 539–542
28 Fried W (1975) Erythropoietin and the kidney. Nephron 15: 327–349
29 Frommhold H, Guttenberger R, Henke M (1998) The impact of blood hemoglobin content on the outcome of radiotherapy. Strahlenther Onkol 174 (suppl 4): 31–34
30 Fuggetta MP, Tricarico M, Starace G, Pepponi R, Bonmassar E (1998) Interferons antagonize x-ray-induced depression of natural immunity. Int J Radiat Oncol Biol Phys 40: 953–960
31 Gatenby RA, Kessler HB, Rosenblum JS, Coia LR, Moldofsky PJ, Hartz WH, Broder GJ (1988) Oxygen distribution in squamous cell carcinoma metastasis and its relationship in outcome of radiotherapy. Int J Radiat Oncol Biol Phys 14: 831–838
32 Glaser G, Millesi W, Wanschitz F, Schüll B, Lang S, Leitha T, Kornek GV (1999) R-Hu-Erythropoietin treatment increases efficacy of neoadjuvant radiochemotherapy and im-

proves cancer free survival of patients with oral squamous cell carcinoma: a 17 month follow up. Proc Am Soc Clin Oncol 18: 399a
33 Glaspy J, Bukowski R, Steinberg D, Taylor C, Tchekmedyian S, Vadhan-Raj S (1997) Impact of therapy with epoetin alfa on clinical outcomes in patients with nonmyeloid malignancies during cancer chemotherapy in community oncology practice. J Clin Oncol 15: 1218–1234
34 Goodnough LT, Brecher ME, Kanter MH, AuBuchon JP (1999) Transfusion medicine. First of two parts – blood transfusion. N Engl J Med 340: 438–447
35 Gould MN, Kakria RC, Olson S, Borden EC (1984) Radiosensitization of human bronchogenic carcinoma cells by interferon beta. J Interferon Res 4: 123–128
36 Graber SE, Krantz SB (1978) Erythropoietin and the control of red blood cell production. Annu Rev Med 29: 51–66
37 Gray LH, Conger AD, Ebert M (1953) The concentration of oxygen dissolved in tissues at the time of irradiation as a factor in radiotherapy. Br J Radiol 26: 638
38 Gregory CJ, Eaves AC (1978) Three stages of erythropoietic progenitor cell differentiation distinguished by a number of physical and biological properties. Blood 51: 527–537
39 Harada K, Kuriusu K, Arita K, Sugiyama K, Isobe N, Sadatomo T, Hama S, Yoshioka H, Uozumi TZ (1996) Clinical evaluation of two therapies for malignant glioma: radiation combined with MCNU and radiation combined with MCNU plus interferon-beta. Jpn J Neurosurg 5: 352–356
40 Hardenberg PH, Hahnfeldt P, Hlatky L, Takemoto C, Shimamura A, McGill G, Fung CY, Bodis S, Fisher DE (1999) Distinct mathematical behavior of apoptotic versus non-apoptotic tumor cell death. Int J Radiat Oncol Biol Phys 43: 601–605
41 Henke M, Guttenberger R, Barke A, Pajonk F, Pötter R, Frommhold H (1999) Erythropoietin for patients undergoing radiotherapy: a pilot study. Radiother Oncol 50: 185–190
42 Henke M, Momm F, Guttenberger R (1999) Erythropoietin for patients undergoing radiotherapy. The Freiburg experience. In: Vaupel P, Kelleher DK (eds) Tumor hypoxia. Pathophysiology, clinical significance and therapeutic perspectives. Wissenschaftliche Verlagsgesellschaft, Stuttgart, p 91–97
43 Höckel M, Knoop C, Schlenger K, Vorndran B, Baussmann E, Mitze M, Knapstein PG, Vaupel P (1993) Intratumoral pO_2 predicts survival in advanced cancer of the uterine cervix. Radiother Oncol 26: 45–50
44 Holsti LR, Mattson K, Niiranem A, Standerskjöld-Nordenstam CG, Stenman S, Sovijärvi A, Cantell K (1987) Enhancement of radiation effects by alpha interferon in the treatment of small cell carcinoma of the lung. Int J Radiat Oncol Biol Phys 13: 1161–1166
45 Isaacs A, Lindemann J (1957) Virus interference: I The interferon. Proc R Soc Lond Biol 147: 258–267
46 Krasagakis K, Garbe C, Krüger S, Orfanos CE (1991) Effects of interferons on cultured human melancocytes in vitro: Interferon-beta but non-alpha or -gamma inhibit proliferation and all interferons significantly modulate the cell phenotype. J Invest Dermatol 97: 364–372
47 Lavey RS, Dempsey WH (1993) Erythropoietin increases hemoglobin in cancer patients during radiation therapy. Int J Radiat Oncol Biol Phys 27: 1147–1152
48 Leitgeb C, Pecherstorfer M, Fritz E, Ludwig H (1994) Quality of life in chronic anemia of cancer during treatment with recombinant human erythropoietin. Cancer 73: 2535–2542
49 Lokshin AS, Mayotte JE, Levitt ML (1995) Mechanism of interferon beta-induced squamous differentiation and programmed cell death in human non-small-cell lung cancer cell lines. J Natl Cancer Inst 87: 206–212
50 Ludwig H, Fritz E, Kotzmann H, Hocker P, Gisslinger H, Barnas U (1990) Erythropoietin treatment of anemia associated with multiple myeloma. N Engl J Med 322: 1693–1699
51 Maasilta P, Holsti LR, Halme M, Kivisaari L, Cantell K, Mattson K (1992) Natural alpha-interferon in combination with hyperfractionated radiotherapy in the treatment of non-small cell lung cancer. Int J Radiat Oncol Biol Phys 23: 863–868

52 McDonald S, Chang A, Rubin P, Wallenberg J, Kim IS, Sobel S, Smith J, Keng P, Muhs A (1993) Combined betaseron r (recombinant interferon beta) and radiation for inoperable non-small cell lung cancer. Int J Radiat Oncol Biol Phys 27: 613–619
53 Nair S, Mayotte J, Lokshin A, Levitt M (1994) Induction of squamous differentiation by interferon-β in a human non-small-cell lung cancer cell line. J Natl Cancer Inst 86: 378–383
54 Nordsmark M, Overgaard J (1999) Oxygenation of human tumors: the Aarhus experience. In: Vaupel P, Kelleher DK (eds) Tumor hypoxia. Pathophysiology, clinical significance and therapeutic perspectives. Wissenschaftliche Verlagsgesellschaft, Stuttgart, p 19–28
55 Nordsmark M, Overgaard M, Overgaard J (1996) Pretreatment oxygenation predicts radiation response in advanced squamous cell carcinoma of the head and neck. Radiother Oncol 41: 31–39
56 Oster W, Herrmann F, Gamm H, Zeile G, Lindemann A, Muller G, Brune T, Kraemer HP, Mertelsmann R (1990) Erythropoietin for the treatment of anemia of malignancy associated with neoplastic bone marrow infiltration. J Clin Oncol 8: 956–962
57 Overgaard J, Bentzen S, Kolstad P (1989) Misonidazole combined with radiotherapy in the treatment of carcinoma of the uterine cervix. Int J Radiat Oncol Biol Phys 16: 1069–1072
58 Packer RJ, Prados M, Phillips P, Nicholson HS, Boyett JM, Goldwein J, Rorke L, Needle M,l Sutton L, Zimmermann RA, Fitz CR, Vezina LG, Etcubanus E, Wallenberg JC, Reaman G, Wara W (1996) Treatment of children with newly diagnosed brain stem gliomas with intravenous recombinant β-interferon and hyperfractionated radiation therapy. Cancer 77: 2150–2156
59 Perera F, Fisher B, Kocha W, Plewes E, Taylor M, Vincent M (1997) A phase I pilot study of pelvic radiation and alpha-2A interferon in patients with locally advanced or recurrent rectal cancer. Int J Radiat Oncol Biol Phys 37: 297–303
60 Perkins HA (1988) Transfusion-induced immunologic unresponsiveness. Trans Med Rev 2: 196–203
61 Robson H, Spence K, Anderson E, Potten CS, Hendry JH (1997) Differential influence of TGFβ1 and TGFβ3 isoforms on cell cycle kinetics and postirradiation recovery of normal and malignant colorectal epithelial cells. Int J Radiat Oncol Biol Phys 38: 183–190
62 Schmidberger H, Rave-Fränk M, Lehmann J, Schweinfurth S, Rehring E, Henckel K, Hess CF (1999) The combined effect of interferon beta and radiation on five human tumor cell lines and embryonal lung fibroblasts. Int J Radiat Oncol Biol Phys 43: 405–412
63 Schmidberger H, Rave-Fränk M, Lehmann J, Schweinfurth S, Pradier O, Hess CF (1999) Radiosensitizing effect of natural and recombinant β-interferons in a human lung carcinoma in vitro. J Cancer Res Clin Oncol 125: 350–356
64 Schmidberger H (1999) Die Modulation der Strahlensensitivität von menschlichen Tumorzellen durch Interferon-β. Habilitationsschrift der Universität Göttingen
65 Sen GC, Ransohoff RM (1997) Transcriptional regulation in the interferon system. Springer Verlag, Heidelberg
66 Shaw EG, Deming RL, Creagan ET, Nair S, Su JQ, Levitt R, Stehen PD, Wiesenfeld M, Mailliard JA (1995) Pilot study of human recombinant interferon gamma and accelerated hyperfractionated thoracic radiation therapy in patients with unresectable stage IIIA/B nonsmall cell lung cancer. Int J Radiat Oncol Biol Phys 31: 827–831
67 Shirwadkar S, Blajchman MA, Frame B, Singal DP (1992) Effect of allogeneic blood transfusion on solid tumor growth and pulmonary metastases in mice. J Cancer Res Clin Oncol 118: 176–180
68 Sinclair WK, Morton RA (1965) X-ray and ultraviolet sensitivity of synchronised Chinese hamster cells at various stages of the cell cycle. Biophys J 5: 1–25
69 Sirota NP, Bezlepkin VG, Kusnetzsova EA, Lomayeva MG, Milonova IN, Ravin VK, Gaziev AL, Brandbury RJ (1996) Modifying effect of interferon alpha on induction and

repair of lesions of DNA of lymphoid cells of gamma-irradiated mice. Radiat Res 146: 100–105
70 Subramaniam PS, Johnson HM (1997) A role for the cyclin-dependent kinase inhibitor p21 in the G1 cell cycle arrest mediated by the type I interferons. J Interferon Cytokine Res 17: 11–15
71 Sweeney PJ, Nicolae D, Ignacio L Chen L, Roach M 3rd, Wara W, Marcus KC, Vijayakumar S (1998) Effect of subcutaneous recombinant human erythropoietin in cancer patients receiving radiotherapy: final report of a randomized, open-labelled, phase II trial. Br J Cancer 77: 1996–2002
72 Thews O, Koenig R, Kelleher DK, Kutzner J, Vaupel P (1998) Enhanced radiosensitivity in experimental tumours following erythropoietin treatment of chemotherapy-induced anaemia. Br J Cancer 78: 752–766
73 Torrisi J, Berg CH, Bonnem E, Dritschilo A (1986) The combined use of interferon and radiotherapy in cancer management. Semin Oncol 174: 421–426
74 Vokes EE, Haraf DJ, Hoffman PC (1993) Escalating doses of interferon alpha-2A with cisplatin and concomitant radiotherapy: a phase I study. Cancer Chemother Pharmacol 33: 203–209
75 Wakabayashi T, Yoshida J, Mizuno M, Kito A, Sugita K (1992) Effectiveness of interferon-β, ACNU and radiation therapy in pediatric patients with brain-stem glioma. Neurol Med Chir 32: 942–946
76 Walker RH (1987) Special report: Transfusion risks. Am J Clin Pathol 88: 374–378
77 Williams BR, Haque SJ (1997) Interacting pathways of interferon signaling. Semin Oncol 24 (3) (suppl 9): S9-70–S9-77
78 Wigren T (1997) Confirmation of a prognostic index for patients with inoperable non-small cell lung cancer. Radiother Oncol 44: 9–15

Neue Aspekte der Supportivtherapie im Rahmen der Radiotherapie von Tumoren im Kopf-Hals-Bereich

V. Strnad, R. Sauer
Klinik und Poliklinik für Strahlentherapie der Universität Erlangen-Nürnberg

Einleitung

Ziel der kurativen onkologischen Behandlung ist es, eine definitive Tumorkontrolle ohne Komplikationen zu erreichen. Dabei muss die supportive Therapie unerwünschten Nebenwirkungen entweder vorbeugen, oder die Symptomatik bereits aufgetretener Komplikationen minimieren. Die supportive Therapie bewirkt eine Verbesserung des Therapeutischen Index (TI):

$$TI = \frac{Tumorkontrollwahrscheinlichkeit}{Nebenwirkungswahrscheinlichkeit}$$

Klinisch relevante Nebenwirkungen einer onkologischen Therapie verschlechtern nicht nur die Lebensqualität des Patienten, sondern führen auch häufig zu Therapieunterbrechungen. Dies bedingt eine Verschlechterung der lokalen Tumorkontrollwahrscheinlichkeit und damit schlechtere Heilungs- und Gesamtüberlebensraten. Als Beispiel seien hier zwei Massentumorentitäten wie die HNO-Tumoren und nicht-kleinzellige Bronchialkarzinome genannt.

Bei HNO-Tumoren zeigte eine Meta-Analyse (14) von insgesamt zwölf Studien, dass eine Therapieunterbrechung von einer Woche die lokale Tumorkontrollwahrscheinlichkeit bereits um 14% (3–25%), eine Therapieunterbrechung von zwei Wochen sogar um 26% (5–42%) absenkt. Dabei ist zu berücksichtigen, dass der negative Einfluss umso größer ist, je später im Laufe der Behandlung die Unterbrechung erfolgt (17). Auch beim nicht-kleinzelligen Bronchialkarzinom zeigte eine Meta-Analyse von drei Studien (7), dass eine Therapieunterbrechung die Zwei-Jahres-Überlebensrate von 24% auf 10% und die Fünf-Jahres-Überlebensrate von 13% auf 3% verschlechterte.

Durch den zunehmenden Einsatz der simultanen Radiochemotherapie, die im Vergleich zur alleinigen Strahlentherapie wesentlich stärkere akute und chronische Reaktionen hervorruft, gewinnen die supportiven Begleitmaßnahmen immer größere Bedeutung (1, 11, 48).

Indikationen der supportiven Therapie

Im Rahmen einer onkologischen Therapie sind bei der Planung begleitender supportiver Maßnahmen mehrere Faktoren zu berücksichtigen, die potenziell zu einer Verstärkung der therapieassoziierten Nebenwirkungen führen können:

1. Verschiedene Begleiterkrankungen, wie z.B. Ataxia teleangiectatica, Diabetes mellitus, Hyperthyreose (Morbus Basedow), Hautpigmentationen, Morbus Addison, Kollagenosen und diverse andere Immunkrankheiten.
2. Lebensgewohnheiten des Patienten und externe Einflüsse auf den Patienten, wie z.B. Rauchen, Alkohol, Ernährung, medikamentöse Maßnahmen einschließlich Chemotherapie, etc.

Im Allgemeinen unterscheiden wir folgende Formen der supportiven Therapie:

- die klassische medikamentöse Therapie, einschließlich der Anwendung von Blutersatzstoffen und hämatologischen Wachstumsfaktoren,
- Strategien der enteralen und parenteralen Ernährung,
- Rehabilitationsmaßnahmen
- und psychologische Unterstützung.

Im Folgenden beschränken wir uns auf diätetische und medikamentöse Aspekte der Supportivtherapie.

Strategien der enteralen und parenteralen Ernährung

Die parenterale Ernährung während einer Radiotherapie oder Radiochemotherapie unterscheidet sich nicht von derjenigen, die in der Intensivmedizin üblich ist. Hier möchten wir auf die einschlägige Literatur verweisen (5, 12, 18, 25).

In den letzten Jahren hat die enterale Ernährung bei Tumorpatienten durch die Einführung der PEG von der Erlanger Arbeitsgruppe neue Bedeutung erlangt (4, 11–13, 19, 27). Im Allgemeinen ist eine begleitende, unterstützende enterale Ernährungstherapie (meist über eine PEG) in folgenden Situationen indiziert:

1. Gewichtsverlust unter Therapie um mehr als 10%;
2. Schluckbehinderung durch Tumorwachstum, insb. bei Kopf-Hals- und Ösophaguskarzinomen;
3. Bei Vorliegen von Tumoren im HNO-Bereich, weil die Strahlenbehandlung eine Radiomukositis erzeugt, welche immer die Nahrungsaufnahme behindert.

Wir bevorzugen eine PEG-Sonde immer prophylaktisch anzulegen, um die unterstützende Ernährungstherapie während der gesamten Behandlungszeit und auch danach flexibel handhaben zu können. Unsere eigenen Erfahrungen zeigen, dass die prophylaktisch angelegte PEG-Sonde dazu verhilft, dass die Patienten während der Radiotherapie oder Radiochemotherapie entweder überhaupt nicht an Gewicht verlieren oder sogar um 0,5–1,5 kg zulegen können. Ohne PEG-Sonde findet sich oftmals ein therapieassoziierter Gewichtsverlust von mindestens 3,0–6,0 kg (12, 13). In einer prospektiven nicht randomisierten Studie konnten *Fietkau* et al. (13) zeigen, dass eine enterale Ernährungstherapie mittels perkutaner endoskopisch kontrollierter Gastrostomie nicht nur die anthropometrischen und biochemischen Parameter, sondern auch die Lebensqualität während einer Radiotherapie verbessert.

Medikamentöse Supportivbehandlung

Die klassische medikamentöse Supportivtherapie beinhaltet folgende Substanzklassen:
1. Zytoprotektiva und Radioprotektiva (z.B. Amifostin)
2. Schleimhautpflegende Medikamente und Anästhetika
3. Antimykotika und Antibiotika
4. Adstringenzia
5. Adsorbenzia (Smectine, Colestyramin)
6. Steroidale und nicht-steroidale Antiphlogistika
7. Regenerationsfördernde Medikamente (G-CSF, hyperbarer Sauerstoff, Erythropoietin)

Die zur Hautpflege meist verwandten Medikamente sind Dexpanthenol, Povidone-Iodine und Sucralfat (53). Entzündungszeichen (insbesondere Ödeme) werden standardmäßig mit Steroiden und nicht-steroidalen Antiphlogistika behandelt.
Zu den innovativsten und zurzeit mit am wirksamsten Supportivtherapeutika zählt Amifostin (WR-2721, Ethyol), ein Medikament, das selektiv das gesunde Gewebe vor Nebenwirkungen der Strahlentherapie und Chemotherapie schützt.
Amifostin ist derzeit der potenteste verfügbare Radio- und Chemoprotektor. Auf seine Bedeutung möchten wir im Folgenden näher eingehen.
Amifostin wurde in der Zeit des »Kalten Krieges« von der Militärlaborforschung entwickelt und erwies sich unter mehr als 20 000 geprüften Verbindungen als die wirksamste Strahlenschutz-Substanz (8, 9, 32). In der Radiotherapie ist die Anwendung von WR-2721 sinnvoll, da es bevorzugt das gesunde Gewebe vor strahlenbedingter Schädigung schützt (33, 38,

39, 50). Dies wurde bereits in zahlreichen experimentellen Studien bewiesen (10, 28, 29, 32, 34, 38, 41, 51).
Die primär inaktive Vorstufe WR-2721 wird im Körper des Patienten metabolisiert und dadurch zur eigentlich radioprotektiven Substanz WR-1065 dephosphoryliert:

$$NH_2(CH_2)_3\text{-}NH\text{-}CH_2\text{-}CH_2\text{-}S\text{-}PO_3H_2 \rightarrow NH_2(CH_2)_3\text{-}NH\text{-}CH_2\text{-}CH_2\text{-}SH$$

Dieser Metabolit wird im Weiteren zu verschiedenen Disulfiden und Sulfiten umgewandelt. Diese besitzen hochreaktive Sulfhydryl-Gruppen, die für die radioprotektive Wirkung verantwortlich sind (9, 49, 51). Die radioprotektive Wirkung von WR-1065 erklärt sich zum einen durch die Bindung freier Sauerstoffradikale (16, 50, 51), und zum anderen durch die Bereitstellung von Wasserstoff für die Reparaturprozesse der geschädigten Moleküle (16, 45). Es wird darüber hinaus angenommen, dass WR-1065 eine zelluläre Hypoxie hervorruft, die die Radiosensibilität erniedrigt (3, 16). In experimentellen Studien wurde gezeigt, dass WR-1065 die DNA vor Einzel- und Doppelstrangbrüchen schützt (16, 23, 42). Die chemoprotektive Wirkung beruht auf der direkten Bindung aktiver Metaboliten alkylierender Substanzen.
Die selektive Radio- bzw. Chemoprotektion der gesunden Gewebe durch WR-2721 stützt sich darauf, dass freies Thiol im Normalgewebe in höherer Konzentration als im Tumor gebunden wird, was zum ersten Mal von *Yuhas* et al. (51) beschrieben wurde. Diese Arbeit zeigte, dass in gesunden Organen im Vergleich zum Tumor 100 × mehr WR-2721 aufgenommen wird. Inzwischen wurde dieses Ergebnis durch weitere Studien bestätigt (37, 44, 47, 50, 52).

Experimentelle Daten (6) weisen auf mindestens zwei Faktoren hin, die für die unterschiedlichen Konzentrationen in Tumor und Normalgewebe verantwortlich sein könnten:
- In Tumorgewebe ist alkalische Phosphatase (notwendig zur Aktivierung von WR-2721) in niedrigeren Konzentrationen als in Normalgewebe zu finden. Darüber hinaus ist die biologische Aktivität im Tumor vermindert.
- Das Ausmaß der zellulären Aufnahme von WR-1065 ist vom Gewebe-pH abhängig. Bei einer pH-Senkung um beispielsweise 0,3 wird die Aufnahme um mehr als die Hälfte reduziert.

Insgesamt führt dies zur Anreicherung der aktiven Form von WR-2721 in gesunden Organen und als Konsequenz zu einer vorübergehend selektiv protektiven Wirkung.
Erste Dosisfindungsstudien mit WR-2721 wurden in den 70er- und Anfang der 80er-Jahre durchgeführt (20, 21, 22, 24). Dosen zwischen 25 mg und 5000 mg in 24 Stunden bzw. 1330 mg/m^2 wurden getestet. Eine tägliche Do-

sis von 340 mg/m² über fünf Wochen war in der Phase I der RTOG-80-02-Studie optimal verträglich (21). Als wesentliche Nebenwirkungen wurden Emesis, Hypotension und allgemeine Schwäche beschrieben.
In einer japanischen Studie zum Zervixkarzinom (30) wurde zwar bei der Anwendung von WR-2721 ein tumorprotektiver Effekt ausgeschlossen, allerdings auch kein protektiver Effekt hinsichtlich der chronischen Nebenwirkungen erzielt. Im Gegensatz dazu gibt es mehrere Studien beim Rektumkarzinom, die eindeutig eine radioprotektive Wirkung von WR-2721 belegen (21, 24): WR-2721 15 Minuten vor der Bestrahlung intravenös verabreicht, führt zu einer signifikant niedrigeren Inzidenz von Strahlenfolgen, eine Tumorprotektion wurde nicht nachgewiesen. Die topische Anwendung von WR-2721 hat keinerlei protektive Wirkung auf die Darmschleimhaut (31).
Bezüglich der radioprotektiven Wirkung von WR-2721 auf die Speicheldrüsen wurde gezeigt, dass das Medikament die Glandula parotis nicht nur vor akuten, sondern auch vor Spätfolgen der Radiotherapie schützt (26, 35, 43). Der die Dosis modifizierende Faktor (DMF) lag im Schnitt bei 2,3. Im Einzelnen waren die DMF-Werte für das Gewicht der Drüse 1,9–2,5, für die Speichelflussrate 2,9, für die Amylasekonzentration 1,7, für das Speichelvolumen 2,1 und für die Sekretionsdauer 2,1 (36, 42, 43). Diese DMF-Werte sind im Vergleich mit denen anderer Organe relativ hoch (DMF_{Darm} = 1,3; DMF_{Lunge} = 1,2–1,3; DMF_{Haare} = 1,2–1,7; DMF_{Haut} = 1,1–1,55; DMF_{Testis} = 1,1–1,35). Die höheren DMF-Werte für die Glandula parotis sind wahrscheinlich durch eine besonders hohe Anreicherung von WR-2721 in den Speicheldrüsen bedingt, was durch Studien zur Distribution von WR-2721 im Organismus belegt wurde (36, 46).
Da eine radiogene Xerostomie die Lebensqualität lebenslang beeinträchtigt (2), war es von besonderem Interesse, die radioprotektive Wirkung von WR-2721 bei den Patienten mit Tumoren im Kopf-Hals-Bereich zu überprüfen, bei denen die Glandula parotis unweigerlich mitbestrahlt werden muss. Die diesbezüglich größte randomisierte Studie wurde von der Erlanger Arbeitsgruppe initiiert; unter Beteiligung von Kliniken insbesondere aus Deutschland, Frankreich, Kanada und den USA wurden insgesamt 315 Patienten mit HNO-Tumoren eingebracht (40). Die Patienten erhielten entweder eine alleinige Strahlentherapie oder zusätzlich Amifostin. In beiden Therapiearmen wurden jeweils zwei Drittel der Patienten postoperativ nach kurativ intendierten Eingriffen bestrahlt, ein Drittel der Patienten wurde jeweils einer alleinigen, definitiven Strahlentherapie zugeführt. Die durchschnittlich applizierte Dosis betrug 60–68 Gy.
In beiden Therapiearmen waren die Patientencharakteristika identisch hinsichtlich Patientenalter, Tumorlokalisation, Tumorgröße, Lymphknotenstatus und Gesamtdosis (Tab. I). Als Auswertungsendpunkte der Studie hinsichtlich der Xerostomie wurden definiert:

- Inzidenz der akuten und Spät-Xerostomie Grad ≥ 2
- Zeitintervall bis zum Eintritt der Grad-2-Xerostomie
- Messung der Speichelproduktion
- Messung der Lebensqualität mit Hilfe eines Patientenfragebogens

Tabelle I. Tumorcharakteristika.

Tumorsitz	RT + Amifostin n = 150	Alleinige RT n = 153
Oropharynx	77	66
Mundhöhle	28	33
Larynx	22	24
Hypopharynx	13	15
Nasopharynx	5	6
Pharynx	1	0
Unbekannt	4	9
T-Stadium		
T 0	2	1
T 1	25	21
T 2	51	53
T 3	29	27
T 4	38	34
T X	5	17
N-Stadium		
N 0	42	46
N 1	37	32
N 2	68	66
N 3	2	8
N X	1	1

Der Schweregrad der Xerostomie wurde von einem Arzt während der Behandlung wöchentlich, und in den ersten zwei Jahren nach Abschluss der Strahlentherapie alle zwei Monate nach RTOG-Kriterien (s. Tab. II) und mit Hilfe eines Fragebogens beurteilt. Objektiv wurde der Schweregrad der Xerostomie mittels Speichelsammlung beurteilt. Die nicht-stimulierte und stimulierte Speichelsammlung wurde wie folgt durchgeführt:
Bei der nicht-stimulierten Speichelsammlung durfte der Patient zwei Minuten nicht reden und sollte den entstandenen Speichel schlucken. Im Anschluss wurde fünf Minuten Speichel gesammelt, indem sich der Patient leicht nach vorne beugte und den Speichel passiv in einen Becher fließen ließ.
Bei der stimulierten Speichelsammlung musste der Patient sieben Minuten lang ein standardisiertes Paraffinstück kauen, wobei der gesamte hierbei produzierte Speichel in einem Becher gesammelt wurde. In ausge-

wählten Zentren wurde zusätzlich als quantitative Messmethode ein Tc^{99}-Speichelszintigramm zur Beurteilung von »Uptake« und Sekretion der Gl. parotis nach der Stimulation durchgeführt.
Hinsichtlich der Tumorkontrolle wurden folgende Endpunkte definiert:
- Lokoregionäre Tumorkontrolle nach 12 und 24 Monaten
- Krankheitsfreies Überleben
- Gesamtüberleben

Tabelle II. RTOG-Kriterien: Akute und späte Nebenwirkungen an den Speicheldrüsen.

Nebenwirkungen	Grad 1	Grad 2	Grad 3	Grad 4
Akute	Leichte Mundtrockenheit, leichte Zähflüssigkeit des Speichels; Geschmacksveränderungen; keine vermehrte Flüssigkeitsaufnahme beim Essen notwendig.	Mäßige bis komplette Mundtrockenheit/Zähflüssigkeit des Speichels; deutliche Geschmacksveränderungen	–	Akute Nekrose
Späte	Leichte Mundtrockenheit; gute Reaktion auf die Stimulation	Mäßige Mundtrockenheit; schlechte Reaktion auf die Stimulation	Komplette Mundtrockenheit, keine Reaktion auf die Stimulation	Fibrose

Analysen von Inzidenz und Schweregrad der akuten Xerostomie zeigten, dass die Inzidenz der Xerostomie Grad 2 im Amifostin-Arm um die Hälfte niedriger war als im Kontrollarm (Tab. III). Im Kontrollarm entwickelte sich eine Xerostomie Grad 2 schon in der fünften Behandlungswoche, im Amifostin-Arm trat sie erst nach Abschluss der Bestrahlung auf. Achtzehn Monate nach der Behandlung beklagten lediglich 28% der Patienten des Amifostin-Armes eine Grad-2/3-Xerostomie, während im Kontrollarm 60% der Patienten betroffen waren (Tab. IV). Diese Ergebnisse wurden durch die Speichelflussmessungen bestätigt. Ein Jahr nach der Bestrahlung war bei über 70% der Patienten im Amifostin-Arm und bei lediglich 43% der Patienten im Kontrollarm eine messbare Speichelproduktion zu verzeichnen (Tab. V). Dieser Unterschied ist statistisch hochsignifikant.
Die zuletzt genannten Ergebnisse wurden durch die Erhebung der Lebensqualität mittels eines Patientenfragebogens bestätigt. Auf dem Boden der subjektiven Einschätzung ihrer Befindlichkeit gaben die Patienten der beiden Therapiearme nach zwölf Monaten signifikante Unterschiede hinsichtlich des Schweregrades der Mundtrockenheit, des Flüssigkeitsbedarfs und der Sensibilität in der Mundhöhle an.

Signifikante Unterschiede hinsichtlich der Radiomukositis (Tab. VI) und Radiodermatitis Grad 3/4 fanden sich nicht. Die Effektivität der Strahlenbehandlung war in beiden Therapiearmen identisch, die Therapieergebnisse gleich (lokoregionäre Kontrolle 63% vs. 64%, krankheitsfreies Überleben 71% vs. 70%, Gesamtüberleben 86% vs. 84%).

Tabelle III. Analyse der akuten Xerostomie.

RTOG-Grad	RT + Amifostin n = 149	Alleinige RT n = 153	p-Wert
0	17 (11%)	8 (5%)	ns
1	57 (38%)	25 (16%)	ns
2	75 (50%)	120 (78%)	< 0,0001

Tabelle IV. Analyse der späten Xerostomie nach 18 Monaten.

RTOG-Grad	RT + Amifostin n = 51	Alleinige RT n = 66	p-Wert
0	12 (18%)	5 (6%)	
1	36 (54%)	27 (33%)	
2	14 (21%)	40 (49%)	
3	5 (7%)	9 (11%)	
Grade 2/3	19 (28%)	49 (60%)	0,0001

Tabelle V. Speichelsammlung.

Nicht stimuliert	RT + Amifostin	Alleinige RT	p-Wert
Baseline			0,870
0,1 g	16 (11%)	17 (11%)	
> 0,1 g	132 (89%)	132 (89%)	
1 Monat nach RT			0,055
0,1 g	33 (28%)	51 (40%)	
> 0,1 g	84 (72%)	77 (60%)	
1 Jahr nach RT			0,004
0,1 g	14 (29%)	29 (57%)	
> 0,1 g	35 (71%)	22 (43%)	
Stimuliert			
Baseline			0,566
0,1 g	1 (1%)	2 (1%)	
> 0,1 g	144 (99%)	144 (99%)	
1 Monat nach RT			0,843
0,1 g	14 (12%)	16 (13%)	
> 0,1 g	104 (88%)	110 (87%)	
1 Jahr nach RT			0,190
0,1 g	10 (20%)	16 (32%)	
> 0,1 g	39 (80%)	34 (68%)	

Tabelle VI. Analyse der akuten Mukositis.

RTOG-Grad	RT + Amifostin n = 149	Alleinige RT n = 153	p-Wert
0	9 (6%)	1 (1%)	
1	24 (16%)	22 (14%)	
2	64 (43%)	70 (46%)	
3	47 (32%)	57 (37%)	
4	5 (3%)	3 (2%)	0,111
Grade 3/4	52 (35%)	60 (39%)	0,438

Diese Studie hat eindeutig gezeigt, dass die Substanz WR-2721 (Amifostin) in der Lage ist, eine der unangenehmsten Langzeitnebenwirkungen der Strahlentherapie im HNO-Bereich, die Xerostomie, ohne Beeinträchtigung der Therapieeffektivität zu minimieren.
Verständlicherweise hat dieses Ergebnis nur für die Subgruppe der Patienten mit besserer Prognose eine Relevanz. Bei Patienten mit T4- und N3-Tumoren im HNO-Bereich halten wir eine supportive Therapie mit Amifostin für nicht angezeigt.

Zusammenfassung

Ohne adäquate supportive Therapie ist eine moderne Strahlentherapie oder Radiochemotherapie nicht durchführbar. Das gilt auch für die Therapie von Rezidivtumoren im HNO-Bereich. Die Wahl der unterstützenden Maßnahmen ist von der Tumorlokalisation und der Therapieintention abhängig (Ernährung, Wahl der Medikamente). Insbesondere für die Indikation der »teueren« medikamentösen Therapien müssen entsprechende Subgruppen von Patienten definiert werden. Um die Effektivität einer supportiven Therapie zu gewährleisten ist es erforderlich, diese während der gesamten Behandlungszeit von Anfang an und mit wenigen Ausnahmen mindestens 4 bis 8 Wochen nach der Behandlung durchzuführen.

Literatur

1 Ausili-Cefaro G, Marmiroli L (1998) Supportive care in radiotherapy: a review. Tumori 84 (2): 107–111
2 Bentzen JK (1992) Xerostomia caused by radiotherapy of patients with head and neck cancer. Ugeskr Laeger 154: 126–129
3 Biaglow JE, Issels RW, Gerweck LE et al (1984) Factors influencing the oxidation of cysteamin and other thiols: Implications for hyperthermic sensitization and radiation protection. Radiat Res 100: 298–312

4 Bozzetti F, Cozzaglio L, Gavazzi C, Bidoli P, Bonfanti G, Montalto F, Soto Parra H, Valente M, Zucali R (1998) Nutritional support in patients with cancer of the esophagus: impact on nutritional status, patient compliance to therapy, and survival. Tumori 84 (6): 681–686

5 Bozzetti F, Amadori D, Bruera E, Cozzaglio L, Corli O, Filiberti A, Rapin CH, Neuenschwander H, Aoun M, Ricci SB, De Conno F, Doci R, Garrone M, Gentilini M, Lery N, Mantell M, Sheldon-Collins R, Trompino G (1996) Guidelines on artificial nutrition versus hydration in terminal cancer patients. European Association for Palliative Care. Nutrition 12 (3): 163–167

6 Calabro-Jones P, Aguilera J, Ward J, Smoluk GD, Fahey RC (1988) Uptake of WR-2721 derivates by cells in culture: Identification of the transported form of the drug. Cancer Res 48: 3634–3640

7 Cox JD, Pajak TF, Asbell S, Russell AH, Pederson J, Byhardt RW, Emami B, Roach M 3rd (1993) Interruptions of high-dose radiation therapy decrease long-term survival of favorable patients with unresectable non-small cell carcinoma of the lung: analysis of 1244 cases from 3 Radiation Therapy Oncology Group (RTOG) trials. Int J Radiat Oncol Biol Phys 27 (3): 493–498

8 Czerewinski A (1972) Report MCAI – 33 to U.S. Army Medical Research and Development Command

9 Davidson DE, Grenan MM, Sweeney TR (1980) Biological characteristics of some improved radioprotectors. In: Brady LW (ed) Radiation sensitizers. Their use in the clinical management of cancer. Masson Publishing Inc., New York, p 309–320

10 Denekamp J, Rojas A, Stewart FA (1983) Is radioprotection by WR-2721 restricted to normal tissue? In: Nygaard O, Simic M (eds) Proceedings of the First Conference on Radioprotectors and Anticancerogens. Gaithersburg, Maryland. Plenum Press, New York, p 655–679

11 Dietz A, Nollert J, Maier H, Rudat V, Flentje M (1995) Zur Problematik der radiogen- bzw. chemotherapieinduzierten Mukositis der Mund- und Rachenschleimhaut am Beispiel der akzelerierten Radiochemotherapie mit Carboplatin bei Patienten mit inoperablen Plattenepithelkarzinomen des Kopf-/Halsbereichs. Heidelberger Erfahrungen. HNO 43 (7): 403–413

12 Fietkau R (1998) Principles of feeding cancer patients via enteral or parenteral nutrition during radiotherapy. Strahlenther Onkol 174 (suppl III): 47–51

13 Fietkau R, Thiel HJ, Iro H, Richter B, Senft M, Rößler C, Kolb S, Sauer R (1989) Vergleich von oraler und enteraler Ernährung mittels perkutaner endoskopisch kontrollierter Gastrostomie (PEG) bei Strahlentherapie-Patienten mit Kopf-Hals-Tumoren. Strahlenther Onkol 165: 844–851

14 Fowler JF, Lindstrom MJ (1992) Loss of local control with prolongation in radiotherapy. Int J Radiat Oncol Biol Phys 23 (2): 457–467

15 Grdina DJ, Guilford WH, Sigdestad CP, Giometti CS (1988) Effects of radioprotectors on DNA damage and repair, proteins and cell-cycle progression. Pharmac Ther 39: 133–137

16 Grdina DJ, Sigdestad CP (1989) Radiation protectors: The unexpected benefits. Drug Metabol Rev 20: 13–42

17 Herrmann T, Jakubek A, Trott KR (1994) The importance of the timing of a gap in radiotherapy of squamous cell carcinomas of the head and neck. Strahlenther Onkol 170 (9): 545–549

18 Hill AD, Daly JM (1995) Current indications for intravenous nutritional support in oncology patients. Surg Oncol Clin N Am 4 (3): 549–563

19 Holmes S (1997) Nutrition in patients undergoing radiotherapy. Prof Nurse 12 (11): 789–792

20 Kligerman MM, Glover DJ, Turrisi AT, Norfleet AL, Yuhas JM, Coia LR, Simone C, Glick JH, Goodman RL (1984) Toxicity of WR-2721 administered in single and multiple doses. Int J Radiat Oncol Biol Phys 10: 1773–1776

21 Kligerman MM, Turisi AT, Urtusan RC, Norfleet AL, Phillips TL, Barkley T, Rubin P (1988) Final report on phase I trial of WR-2721 before protracted fractionated radiation therapy. Int J Radiat Oncol Biol Phys 14: 1119–1122

22 Kligerman MM, Liu T, Liu Y, Scheffler B, He S, Zhang Z (1992) Interim analysis of a randomized trial of radiation therapy of rectal cancer with/without WR-2721. Int J Radiat Oncol Biol Phys 22: 799–802

23 Kohn KW (1979) DNA as target in cancer chemotherapy: Measurement of macromolecular DNA damage produced in mammalian cells by anticancer agents and carcinogens. Methods Cancer Res 16: 291–345

24 Liu T, Liu Y, He S, Zhang Z, Kligerman MM (1992) Use of radiation with or without WR-2721 in advanced rectal cancer. Cancer 69: 2820–2825

25 Lowrey TS, Dunlap AW, Brown RO, Dickerson RN, Kudsk KA (1996) Pharmacologic influence on nutrition support therapy: use of propofol in a patient receiving combined enteral and parenteral nutrition support. Nutr Clin Pract 11 (4): 147–149

26 Menard TW, Izutsu KT, Ensign WY, Keller PJ, Morton TH, Truelove EL (1984) Radioprotection by WR-2721 of gamma-irradiated rat parotid gland: Effect on gland weight and secretion at 8–10 days post irradiation. Int J Radiat Oncol Biol Phys 10: 1555–1559

27 Mercadante S (1996) Nutrition in cancer patients. Support Care Cancer 4 (1): 10–20

28 Milas LD, Muray AW, Brock WA, Meyn RE (1988) Radioprotectors in tumor radiotherapy: Factors and settings determining therapeutic ratio. Pharmac Ther 39: 179–187

29 Milas L, Hunter N, Reid BO, Thames HD (1982) Protective effect of S-2(3-aminopropylamino)-ethyl-phosphorothioic acid against radiation damage of normal tissues and a fibrosarcoma in mice. Cancer Res 42: 1888–1897

30 Mitsuhashi N, Takahashi I, Takahashi M, Hayakawa K, Niibe H (1993) Clinical study of radioprotective effects of amifostine (YM-08310, WR-2721) on long-term outcome for patients with cervical cancer. Int J Radiat Oncol Biol Phys 26: 407–411

31 Montana GS, Anscher MS, Mansbach CM, Daly N, Delannes M, CarkePearson D, Gaydica EF (1992) Topical application of WR-2721 to prevent radiation induced proctosigmoiditis. A phase I/II trial. Cancer 69: 2826–2830

32 Phillips TL, Kane L, Utley JF (1973) Radioprotection of tumor and normal tissue by thiophosphate compounds. Cancer 32: 528–535

33 Phillips TL (1980) Rationale for initial clinical trials and future development of radioprotectors. Cancer Clin Trials 3: 165–173

34 Prasanna PG, Uma-Devi P (1993) Modification of WR-2721 radiation protection from gastrointestinal injury and death in mice by 2-mercaptopropionylglycine. Radiat Res 133: 111–115

35 Pratt NE, Sodicoff M, Liss J, Davis M, Sinesi M (1980) Radioprotection of the rat parotid gland by WR-2721: morphology at 60 days post-irradiation. Int J Radiat Oncol Biol Phys 6: 431–435

36 Rasey JS, Krohn KA, Menhard TW, Spence AM (1986) Comparative biodistribution and radioprotection studies with three radioprotective drugs in mouse tumors. Int J Radiat Oncol Biol Phys 12: 1487–1490

37 Rasey JS, Nelson NJ, Mahler PA, Anderson KW, Krohn KA, Menard TW (1984) Radioprotection of normal tissue against gamma ras and cyclotron neutrons with WR-2721: LD_{50} studies and 35S-WR-2721biodistribution. Radiat Res 97: 598–607

38 Rojas A, Stewart FA, Denekamp J (1983) Interaction of misonidazole and WR-2721. Modification of tumour radiosensitization. Br J Cancer 47: 65–72

39 Rojas A, Stewart FA, Soranson JA, Smith KA, Denekamp J (1986) Fractionation studies with WR-22721: Normal tissues and tumor. Radiother Oncol 6: 51–60

40 Sauer R, Wannenmacher M, Wassermann T et al (1999) Randomized phase III trial of radiation ± amifostine in patients with head and neck cancer. Proc ASCO 18: 1516

41 Schuchter LM, Luginbuhl WE, Meropol NJ (1992) The current status of toxicity protectants in cancer therapy. Semin Oncol 19: 742–751

42 Sigdestad CP, Treacy SH, Knapp LA, Grdina DJ (1987) The effect of 2-[(aminipropyl) amino]ethanthiol (WR-2721) on radiation induced DNA double strand damage and repair in V79 cells. Br J Cancer 55: 477–482
43 Sodicoff M, Conger AD, Pratt NE, Trepper P (1978) Radioprotection by WR-2721 against long-term chronic damage to the rat parotid gland. Radiat Res 76: 172–179
44 Sodicoff M, Conger AD, Trepper P, Pratt NE (1978) Short-term radioprotective effects of WR-2721 on the rat parotid gland. Radiat Res 76: 317–326
45 Tanaka Y (1984) Clinical experiences with chemical radioprotector in tumor radiotherapy: WR-2721 CP-7. In: Modification of radiosensitivity in cancer treatment. Academic Press, New York, p 61–81
46 Utley JF, Marlowe C, Waddell WJ (1976) Distribution of 35S-labeled WR-2721 in normal and malignant tissues of the mouse. Radiat Res 68: 284–291
47 Ward J (1983) Chemical aspects of DNA radioprotection. In: Nygaard O, Simic MG (eds) Radioprotectors and anticancerogens. Academic Press, New York, p 73–85
48 Whitmyer CC, Waskowski JC, Iffland HA (1997) Radiotherapy and oral sequelae: preventive and management protocols. J Dent Hyg 71 (1): 23–29
49 Yuhas JM (1980) Active versus passive absorption kinetics as the basis for selective protection of normal tissues by S-2-(3-Amino propylamino)-ethylphosphorothioic acid. Cancer Res 40: 1519–1524
50 Yuhas JM, Spellman JM, Culo RF (1980) The role of WR-2721 in radiotherapy and/or chemotherapy. Cancer Clin Trials 3: 211–213
51 Yuhas JM (1970) Biological factors affecting the radioprotective efficiency of S-2-[3-aminopropylamino]ethylphosphorothioic acid (WR-2721). Radiat Res 44: 632–638
52 Yuhas JM, Storer JB (1969) Differential chemoprotection of normal and malignant tissues. J Natl Cancer Inst 42: 331–335
53 Zimmermann JS, Kimmig B (1998) Pharmacological management of acute radiation morbidity. Strahlenther Onkol 174 (suppl 3): 62–65

Perspektiven der Rezidivtherapie von HNO-Tumoren

R. H. Greiner
Klinik für Radio-Onkologie, Universität Bern, Inselspital

Einleitung

Die Therapie maligner Erkrankungen im sog. HNO-Bereich ist seit Kenntnis ionisierender Strahlen Schwerpunktthema der Radio-Onkologie. Sicher kann mit Stolz auf therapeutische Fortschritte und klinische Erfolge verwiesen werden, aber zufrieden können wir nicht sein: Die Prozentzahl beherrschter Tumoren wünschten wir uns höher, die Kurve des Anstiegs der lokoregionären Kontrollraten bezogen auf die lange therapeutische Tradition der Strahlentherapie steiler; die für die Disseminierung einsetzbaren Substanzen wirksamer (4) und natürlich die Konzepte der Rezidivtherapie multimodaler, effizienter und tolerabler.
Schon einleitend muss auf die Ambivalenz des Themas hingewiesen werden, das uns zur Kenntnisnahme von Perspektiven bei der Behandlung des Rezidivs anhalten möchte. In Abwandlung der Erkenntnis Albert Einsteins, dass die Unterscheidung zwischen Vergangenheit, Gegenwart und Zukunft nur eine Täuschung sei, wenn auch eine hartnäckige, kann auch die Unterscheidung zwischen dem Primärtumor und seinem Rezidiv als Täuschung angesehen werden, wenn nicht in jeder Therapie schon der konzeptionelle Ansatz der Rezidivtherapie eingeschlossen wäre.

Rezidivvermeidung

So banal es klingt, die beste Therapie des Rezidivs ist seine Vermeidung, ein Therapieansatz, der nicht nur die Zielsetzung der klinisch kompletten Remission zum Schlagwort macht, sondern tatsächlich ein Behandlungskonzept verlangt, das sich seiner Aufgabe voll bewusst ist, alle Chancen der Tumorkontrolle zu nutzen. Jede realisierbare Perspektive sollte deshalb mit dem Ziel der Rezidivvermeidung schon bei der Therapie der Ersterkrankung Anwendung finden.
Natürlich gibt es Tumoren, die sind nicht heilbar; diese rezidivieren aber auch nicht, sondern kommen bestenfalls in eine progressionsfreie Periode.

Die Tumoren, die gemeint sind, deren Erstbehandlung sich auch als Auftrag zur Vermeidung von Rezidiven versteht, sind in Tabelle I aufgeführt. Die Übersicht macht deutlich, dass es keinen Generalnenner geben kann, der uns das Erreichen der Zielsetzung wahrscheinlicher macht.

Tabelle I. ORL-Tumoren mit Tendenz zur Rezidivierung, lokal bei der Erstbehandlung kontrollierbar durch optimierten radikalen Therapieansatz.

Hauttumoren (Melanome, Spinaliome, seltene Hautanhangstumoren, z.B. Merkel-)	
Speicheldrüsentumoren	
Schilddrüsentumoren	
LK-Metastasen bei CUP	
NNH-Tumoren, u.a. Ästhesioneuroblastom	
Tumoren des	Vestibulum nasi, der Lippen, Nasopharynx, u.a. Plasmozytom, Oropharynx, Cavum oris, Hypopharynx
Tracheostomatumoren	
Prox. Ösophaguskarzinome	

Individualisierung der Tumortherapie

Die Tumorentitäten sind so unterschiedlich, dass aus dem Bündel diagnostischer und therapeutischer Perspektiven krankheitsspezifisch selektioniert und tumorspezifisch optimiert werden müsste, die ehrgeizige Perspektive heißt in einer Zeit der Aufschlüsselung des menschlichen Genoms die Individualisierung der Tumortherapie, sicherlich nicht mehr die Randomisierung der Tumorträger. Unsere noch freien Energien müssen wir darauf verwenden, Tumorentitäten zu typisieren, nicht nur nach T und N und G, das natürlich auch, sondern nach molekularbiologischen und pathophysiologischen Parametern.
Die Genforschung hat mit dem Gelingen der geordneten Auflistung der Basenpaare erst begonnen und an Perspektiven nach diesem Geschenk an die Menschheit für die Krebsforschung und Krebstherapie zu glauben, ist sicher erlaubt. Unsere begabten jüngsten Mitarbeiter müssen in diesem Glauben bestärkt und für die molekularbiologische Forschung begeistert werden.
A. Trott hat am ESTRO-Kongress in Baden-Baden 1986, der hohen Zeit des Linear-quadrat-Formalismus, der Repopulationsspekulation, der sog. Intrinsic Radiosensivity und der Proliferationsdiskussion, die anwesenden Radio-Onkologen mit prophetisch gemeinter Rede aufgefordert, die Tumoren entsprechend ihrer Eigenschaften zu behandeln. Die Zeit war damals noch nicht reif, sie ist es fraglich heute, aber wir wissen dank des Vordringens zu Onkogenen und Suppressorgenen von Perspektiven, die realistisch sein dürften.

Das Rezidiv

Im Rezidivtumor haben sich die Bedingungen für das gesunde Gewebe verschlechtert, die Pathophysiologie der Tumoreinbettung selektioniert die Proliferation der aggressivsten Tumorstammzellen und der Tumor mutiert in die Resistenz.
Die Dosis-Effekt-Kurven für die Wahrscheinlichkeit der Tumorkontrolle (TCP) und die Wahrscheinlichkeit der Gefährdung des umliegenden Gewebes (NTCP) nähern sich, ja verlaufen invers. Ein therapeutisches Fenster existiert häufig genug tatsächlich nicht mehr, häufig wird es aber auch verkannt. Allerdings, jeder zur Rezidivtherapie einer bestrahlten Region befragt, weiß, Voraussetzung einer sinnvollen, vor allem radikalen Rezidivtherapie sind Erfahrung, Hingabe, Mut, Phantasie und Vertrauen. Eine rezidivtypische Behandlungs- und Applikationstechnik gibt es nicht, außer der Technik der Beschränkung.
Erste Voraussetzung einer erfolgversprechenden Rezidivbehandlung ist die frühe Diagnose. Der Primat bei der Verlaufskontrolle der Behandlung des Primärtumors liegt bei den Klinikern; wir können unseren Nachwuchs nicht genug in der Kunst der Kontrolluntersuchung schulen. Es gibt subjektive Symptome, die sehr früh das Rezidiv ankündigen, so eine Otalgie bei Karzinomen des Oropharynx, wenn diese schon als Primärtumoren dieses Symptom verursachten (3). Klinischer Verdacht kann sich ständig verbesserter Schnittverfahren bedienen und immer verbreiteter und nützlicher wird der Einsatz von PET-Diagnostik. Mit Tumormarkern, außer bei Schilddrüsenkarzinomen, gibt es noch keine verbreitet genutzten Nachweisverfahren.
Der perspektivische Schwerpunkt der strahlentherapeutischen Rezidivbehandlung liegt zurzeit noch mehr auf der technischen Seite, er stützt sich auf Verbesserungen in der Applikationstechnik (3D-Konformierung, IMRT), auf den Einsatz anderer Techniken als der perkutanen Bestrahlung (Brachytherapie, Hyperthemie) und auf die aufwendige Nutzung der Partikelstrahlung (Hadronentherapie). Da das Toleranzvermögen gesunden Gewebes ausgeschöpft sein kann, helfen diese Techniken, die Dosisbelastung kritischer Organe kontrolliert zu begrenzen. Die Brachytherapie kann hierbei von therapeutischem Nutzen sein, dem weit mehr Aufmerksamkeit zu Teil werden sollte, als es heute geschieht. Als Organisation innerhalb der ESTRO, aber mit eigenen Jahreskongressen, versucht die GEC, die Interessengemeinschaft der Brachytherapie in Europa, seit vielen Jahren, die Bedeutung der Brachytherapie gegenüber der perkutanen Strahlentherapie zu festigen.
Rezidiv-(Salvage-)therapie im ORL-Bereich ist häufig plastische Rekonstruktionschirurgie. Ihre perspektivischen Möglichkeiten sollen hier nicht besprochen werden, sie sind an anderer Stelle erwähnt, es sind aber immer noch die sichersten Werte der Rezidivtherapie.

Eigene Erfahrungen der Rezidivtherapie

Möglicherweise liegen für die Strahlentherapie Perspektiven der Rezidivtherapie in der Fraktionierung und der Anwendung niedriger Einzeldosen – ganz im Gegensatz zur Philosophie der beschleunigten Therapie. Rezidive nach RT von Karzinomen des Cavum oris, des Oro- und des Hypopharynx, deren Resektion nicht möglich ist, die nicht nachweislich metastasierten und für deren radikale Behandlung keine sonstige Kontraindikation besteht, werden von uns seit wenigen Jahren hyperfraktioniert bestrahlt mit Einzeldosen von 2 × 1 Gy/d. Wenn nicht kontraindiziert, begleitete eine Chemotherapie (Platin ± 5-FU) die Strahlentherapie. Unsere bisherigen Erfahrungen sind in Tabelle II aufgelistet.

Tabelle II. Rezidivbehandlung nach Strahlentherapie von ORL-Tumoren mit hyperfraktionierter Technik und Einzeldosen von 100 cGy.

Anzahl Pat. bis Dez. 99	22 (17 m; 5 w)
Medianes Alter	59 (11–73)
Intervall (Mo) zw. 1.–2. RT	49 (13–280)
Dosis 1. RT, median	65 Gy (45–79
Dosis Rez. RT, median	64 Gy (27–72)
Chemotherapie, simultan	7 Pat.
Therapie nach Plan abgeschlossen	21/22 Patienten (1 × Metastasen)
Toxizität Haut, akut	8/22 G 2/3; 2 G 3
Schleimhaut	10/22 G 2/3; 3 G 3

Erstaunlich ist die gute Verträglichkeit der Bestrahlung, die bei jedem Patienten – außer 1/22 Patienten, dessen Therapie wegen Fernmetastasen abgebrochen wurde – die Durchführung der geplanten radikalen Strahlentherapie erlaubte.

Zur Fraktionierung

Therapieansätze in Richtung weitere Reduzierung der Einzeldosis und Anhebung der Zahl der täglichen Fraktionen könnten für die Strahlentherapie rezidivierender und bestrahlter ORL-Tumoren – und nicht nur für diese – von großem perspektivischen Interesse sein. Im Zusammenhang mit unserer Dosiswahl bei der Rezidivtherapie sei eine Episode aus der Geschichte der Strahlentherapie mitgeteilt, die A. Zuppinger weitergab. 1932 hatte sein Lehrer R. Schinz in Zürich seinen Kollegen Henri Coutard an der Fondation Curie in Paris besucht. Von dort sandte er eine Postkarte, in der Zuppinger nahezu ultimativ aufgefordert wurde, die bisherige hypofraktionierte Behandlungstechnik radikal zu ändern und statt dessen 2 × 1 R täglich bis zur Gesamtdosis von 7000 R zu geben. Änderungen unserer monotonen Fraktionierungsgewohnheiten wären tatsächlich ein »back to the future«. Von den Perspektiven der Dosismodifizierung haben wir bisher wenig Gebrauch gemacht, mehrheitlich von der vereinheitlichenden ballistischen Idee geleitet, dass nur mehr Dosis in kürzerer Zeit die Radioresistenz brechen könnte (5, 9).

Biologie und Technik

Die Perspektiven der strahlentherapeutischen Rezidivtherapie bestrahlter ORL-Tumoren, gleichbedeutend mit den Bemühungen um deren Vermeidung, sollten sich vor allem auf die biologische Beeinflussung der zellulären Radioresistenz stützen, auch wenn der technische Bereich der Perspektiven und die kontinuierliche Verbesserung der Applikationstechniken große Bedeutung für die Beachtung der Toleranzgrenzen haben können. Wir glauben, von der Technik verführt, immer noch zu sehr an die Verbesserung unserer Kontrollraten durch technische Fortschritte und deren Implementierung, die jeweils in kürzester Frist auf breiter Front realisierbar wird. Refrainhaft wird jede technische Neuerung der Applikationsverfahren vom Kommentar begleitet, durch Konformierung mögliche Schonung des gesunden Gewebes erlaube höhere Tumordosen, was wiederum höhere Kontrollraten erwarten ließe.

Perspektivische Fortschritte haben wir auf diesem Weg ehrlicherweise nicht erreicht, dafür aber die perspektivischen Möglichkeiten von Biologie und Pathophysiologie im klinischen Alltag eher vernachlässigt.

Den perspektivischen Glauben an den Fortschritt in der Behandlung der ORL-Tumoren müssen wir an den Fortschritt der therapeutischen Nutzung biologischer Parameter knüpfen (1, 8, 12, 16) und an die Anwendung von Substanzen, die die genetischen Komponenten der malignen Zellproliferation, allen voran die Angiogenese, neutralisieren (7, 13, 14, 24, 28, 29) und die nach der Energiedeponierung der ionisierenden Strahlung die Auslösung des Zelltods triggern und Repairmechanismen blockieren.

Diese kurze Übersicht zu Perspektiven der Strahlentherapie von ORL-Tumoren kann nicht auf Details der verschiedenen Komponenten und Ebenen der vermuteten Einflussnahme auf die zelluläre Radiosensibilität eingehen. Sie kann aber dazu ermuntern, den Einbezug solcher Komponenten in die klinische Forschung zu fördern und konsequent solche biologischen Ansätze in der Therapie zu verankern, deren Einfluss auf die Zytotoxizität der Strahlung mittlerweile unbestritten ist (17, 18).

Sauerstoff-Untersättigung

Trotz seiner thematischen Aktualität (8, 17, 20), trotz seines jahrzehntelangen Überlebens als strahlenbiologischer und pathophysiologischer Dauerbrenner (20, 26, 27), die Überwindung der Sauerstoff-Untersättigung des Tumorgewebes bleibt immer noch ein perspektivisches Argument der Therapie von ORL-Tumoren. Herkömmliche Fraktionierung, Akzelerierung, simultaner Boost und konkomitante Chemotherapie sind immer noch die tragenden Elemente randomisierter Studienprotokolle von ORL-Tumoren und zumindest in der täglichen Routinetherapie die diskutierten Komponenten des strahlentherapeutischen Konzepts. Aber langsam nähert sich die Routine der Perspektive (15). Die Bedeutung der Sauerstoffsättigung, der Sauerstoffverarmung, des O_2-Verteilungsmusters, des pO_2 für die Radiosensibilität eines Tumors ist bekannt (2, 6, 19, 20, 26, 27) und die Bedeutung des O_2-Mangels als Stimulanz der Aggressivität der Tumorzelle, nach dem Muster des Überlebens des Stärkeren, ist erkannt (10, 11). Über die Hämoglobinkonzentration lässt sich die tumorale Sauerstoffversorgung regulieren und im rekombinanten Erythropoietin (r-HuEPO) besitzen wir heute auch schon ein in Studien erprobtes Medikament (17), dessen Primäranwendung sich als wichtiger erweisen könnte als die unmittelbare Einleitung einer Strahlentherapie. Dessen konsequente Anwendung könnte es der begleitenden Chemotherapie ermöglichen, durch Ausgleich der Dezimierung des Knochenmark-Stammzellpools, eine signifikantere Rolle bei der Tumorkontrolle zu übernehmen. Die Hb-Werte in der Endphase der Therapie gelten als die biologisch einflussreichsten (25) und gerade in dieser Phase kommt es zu dem durch die Chemotherapie verursachten Hb-Abfall, dem jetzt durch systematische r-HuEPO-Gabe vorgebeugt werden könnte.

Molekulare Therapie

Die ambitiöseste Perspektive der Tumortherapie beschäftigt sich mit der Gentherapie und der molekularen Therapie (1, 7, 12, 16, 22–24, 29). Gentherapie ist der Transfer von Nukleinsäuren in Tumorzellen, um die Tumormasse zu reduzieren durch direkte toxische Zelleinwirkung, durch Immunmodulation und durch Genkorrektur, Genersatz oder Genmodulation. In Tabelle III sind die wichtigsten gentherapeutischen Strategien aufgeführt (22). Der Nachweis veränderter Genfunktionen in Krebszellen erlaubte die Perspektive gänzlich neuer Krebstherapien, die ganz spezifisch diese veränderten Gene zum Target haben.
Molekulare Biologie hat sicher die Potenz, eine große Zahl spezifischer Inhibitoren liefern zu können, aber die Realisierung dieser Möglichkeiten wird alles andere als einfach sein. Molekulare Strukturen, die für die Ra-

dioresistenz von ORL-Tumoren mitbestimmend sind, wurden als Ursachen von Störungen in der Kontrolle des Zellzyklus und des Verlusts der Tumorzellapoptose beschrieben. Ihre Identifizierung und gezielte Inhibition durch Genmanipulation sind Vorsätze zur Realisierung der Perspektive (21, 23). Am weitesten entwickelt sind die Ansätze der p53-Therapie zur Wiederherstellung oder Modulation der p53-Funktion, um die Tumorzellen empfindlicher auf den durch die Strahlentherapie ausgelösten DNA-Schaden reagieren zu lassen. Manche Autoren (21, 23) sehen im Studium des p53-Pathway und der Aufdeckung seiner Fehlsteuerung den momentan geeignetsten Schlüssel zur individuellen Tumortherapie, basierend auf dessen molekularem und genetischem Profil.

Tabelle III. Gentherapeutische Strategien.
1) Genetische Immunotherapie: Zytokin-Gen-Transduktion; Interleukin-2-Gen am häufigsten eingesetzt (Immunmodulation)
2) Pro-Drug-Strategie: Genprodukt meistens Herpes-simplex-Virus-Thymidinkinase (HSVtk); Pro-Drug Ganciclovir (GCV); toxischer Metabolit ist Ganciclovir-Triphosphat. Bystander-Effekt (direkte toxische Zelleinwirkung)
3) Tumor-Suppressorgen-Ersatz und antionkogene Strategie: Retrovirus-p53/Adenovirus-p53. Erster Einsatz bei nicht-kleinzelligen Bronchuskarzinomen. ASTRO 1997: ORL-Rezidivtherapie mit Adenovirus-p53-Gentransfer (Genkorrektur; Genersatz; Genmodulation)

Zusammenfassung

Wenn wir im wissenschaftlichen Sinne neugierig sind, werden wir unseren Klinischen Alltag der Fülle der aufgeführten Perspektiven nähern. Translational Cancer Research nennt sich das wissenschaftliche Bemühen, Laborkenntnisse und experimentelle therapeutische Strategien in die klinische Forschung zu übernehmen. Wir Kliniker sind aufgerufen, für bereits erkannte Fortschritte in unseren Routinekonzepten einen Platz zu finden und der möglichen Beeinflussung molekularer Strukturen in Tumorzelle und Matrix mindestens die gleiche Aufmerksamkeit zu widmen wie den technischen Fortschritten und den Verbesserungen der Applikationstechnik. Wir sollten nicht nur mit der akzelerierten Dosisabgabe argumentieren müssen und sollten nicht nur die Fortschritte der Radiotherapie den technischen Aspekten des Behandlungskonzepts überlassen müssen.

Literatur

1 Adams GE (1997) Radiation, hypoxia and genetic stimulation; implication for future therapies. Radiother Oncol 44: 101–109
2 Aebersold DM, Beer KT, Laissue J, Hug S, Kollar A, Greiner RH, Djonov V (2000) Intratumoral microvessel density predicts local treatment failure of radically irradiated squamous cell cancer of the oropharynx. Int J Radiat Oncol Biol Phys 48 (1): 17–25
3 Beer KT, v Briel Ch, Lampret T, Marré S, Vetterli D, Zbären P, Greiner RH (1998) Prädiktive Bedeutung der Reflexotalgie in der lokal radikalen Radiotherapie von Oropharynxkarzinomen. Strahlenther Onkol 174: 306–310
4 Beer KT, Greiner RH, Aebersold DM, Zbären P (2000) Carcinoma of the oropharynx: Local failure as the decisive parameter for distant metastases and survival. Strahlenther Onkol 176: 16–21
5 Dische S, Saunders M, Barret A, Harvey A, Gibson D, Parmar M (1997) A randomised multicentre trial of chart versus conventional radiotherapy in head and neck cancer. Radiother Oncol 44: 123–136
6 Dubray B, Mosseri V, Brunin F, Jaulerry C, Poncet P, Rodriguez J, Brugère J, Point D, Giraud P, Cosset JM (1996) Anemia is associated with lower local-regional control and survival after radiation therapy for head and neck cancer: a prospective study. Radiology 201: 553–558
7 Eliceiri BP, Cheresh DA (1999) The role of αv integrins during angiogenesis: Insights into potential mechanisms of action and clinical development. J Clin Invest 103: 1227–1230
8 Endrick B, Vaupel P (1998) The role of the microcirculation in the treatment of malignant tumors: Facts and fiction. In: Molls M, Vaupel P (eds) Blood perfusion and microenvironment of human tumors. Springer Verlag, Berlin Heidelberg New York, p 19–39
9 Fu KK, Pajak TF, Trotti A, Spencer SA et al (1999) A RTOG phase III randomized study to compare hyperfractionation and two variants of accelerated fractionation to standard fractionation radiotherapy for head and neck squamous cell carcinomas: Preliminary results of RTOG 9003. Int J Radiat Biol Phys 45 (3) S: 145
10 Giaccia A (1996) Hypoxic stress proteins: survival of the fittest. Semin Radiat Oncol 6: 46–58
11 Graeber TG, Osmanian C, Jacks TJ, Housman DE, Koch CJ, Lowe SW, Giaccia AJ (1996) Hypoxia – mediated selection of cells with diminished apoptotic potential in solid tumors. Nature 379: 88–91
12 Hanahan D, Weinberg RA (2000) The hallmarks of cancer cell. Cell 100: 57–70
13 Harris AL (1997) Antiangiogenesis for cancer therapy. Lancet 349 (suppl II): 1–30
14 Jones PH, Harris AL (2000) The current status of clinical trials in anti-angiogenesis. Updates Principles and Practice of Oncology 14 (1): 1–9
15 Kaanders J (2000) Accelerated radiotherapy with carbogen and nicotinamide: from mouse to man. 1. Int. Conference on translational research and pre-clinical strategies in Radio-Oncology: Individualizing Cancer Treatment. Lugano, March 2000
16 Lane D (1998) The promise of molecular oncology. Lancet 351 (suppl II): 17–20
17 Lavey RS (1998) Clinical trial experience using erythropoietin during radiation therapy. Strahlenther Onkol 174 (IV): 24–30
18 Molls M, Stadler P, Becker A, Feldmann HJ, Dunst J (1998) Relevance of oxygen in radiation oncology. Mechanismus of action, correlation to low hemoglobin levels. Strahlenther Onkol 174 (IV): 13–16
19 Nordsmark M, Overgaard M, Overgaard J (1996) Pretreatment oxygenation predicts radiation response in advanced squamous cell carcinoma of the head and neck. Radiother Oncol 41: 31–39
20 Overgaard J, Horsman MR (1996) Modification of hypoxia induced radioresistance in tumours by the use of oxygen and sensitizers. Semin Radiat Oncol 6: 10–21

21 Pruschi M, Bodis S (1998) Molecular mechanisms of radioresistance: Applications for head and neck cancer. Z Med Phys 8: 119–123
22 Roth JA, Molldrem J, Smythe WR (1999) The current status of cancer gene therapy trials. Updates Principles and Practice of Oncology 11: 1–15
23 Steele RJC, Thompson AM, Hall PA, Lane DP (1998) The p53 tumour suppressor gene. Brit J Surg 85: 1460–1467
24 Stetler-Stevenson WG (1999) Matrix metalloproteinases in angiogenesis: a moving target for therapeutic intervention. J Clin Invest 103: 1237–1241
25 Tarnawski R, Skladowski K, Maciejewski B (1997) Prognostic value of hemoglobin concentration in radiotherapy for cancer of supraglottic larynx. Int J Radiat Oncol Biol Phys 38: 1007–1011
26 Vaupel PW (1994) Blood flow, oxygenation, tissue pH distribution, bioenergetic status of tumors. Ernst Schering Research Foundation, Band 23
27 Vaupel PW, Kelleher DK (1999) Tumor hypoxia. Pathophysiology, clinical significance and therapeutic perspectives. Wiss. Verlagsges., Stuttgart
28 Weidner N, Folkman J (1997) Tumor vascularity as a prognostic factor in cancer. Updates Principles and Practice of Oncology 11 (7): 1–24
29 Yu AE, Hewitt RE, Connor EW (1997) Matrix metalloproteinases: Novel targets for directed cancer therapy. Drugs Aging 3: 229–244

Synopsis: Diagnostik und Therapie des Rezidivtumors im Kopf-Hals-Bereich

H. D. Böttcher
Klinik für Strahlentherapie, Klinikum der Johann Wolfgang Goethe-Universität, Frankfurt/Main

Als Rezidiv bezeichnet man das Wiederauftreten der gleichen Erkrankung nach symptomlosem Intervall. Frührezidive (die Mehrzahl) treten nach Monaten und wenigen Jahren auf, Spätrezidive erst nach einem mindestens 5-jährigen tumorfreien Intervall.
Die Resistenz vieler solider Tumoren gegen locker ionisierende Strahlung oder Chemotherapie ist durch eine Vielzahl von Faktoren bedingt, darunter besonders durch eine intrinsische, genetisch determinierte Resistenz und durch physiologische Eigenschaften, die primär durch eine inadäquate und heterogene Gefäßversorgung bedingt sind. Eine heterogene Verteilung der Tumorgefäße und eine chaotische Mikrozirkulation im Tumor führen zu Inhomogenitäten der Oxygenierung, der Nährstoffversorgung, der Katabolitendrainage, des Gewebe-pH und des bioenergetischen Status.
Viele Plattenepithelkarzinome zeigen hypoxische Gewebebereiche, die innerhalb der Tumormasse heterogen verteilt sind. Dabei gibt es keine Korrelation zwischen dem medianen pO_2 und dem Tumorvolumen, dem Differenzierungsgrad, dem Histologietyp und dem N-Status. Lymphknotenmetastasen weisen offensichtlich einen vergleichbaren Oxygenierungsstatus wie der dazugehörige Primärtumor auf.
Die Tumorhypoxie scheint ein unabhängiger Prognoseparameter bei Plattenepithelkarzinomen der Kopf-Hals-Region zu sein. Es konnte gezeigt werden, dass ein medianer Tumor-pO_2-Wert kleiner als 10 mmHg eine signifikant schlechtere Prognose für die lokoregionale Kontrolle durch Strahlen- und Chemotherapie und für das Gesamtüberleben bedeutet.
Die Problematik der Rezidivdiagnostik und der Diagnostik sekundärer Primärtumoren, die insbesondere in der Mundhöhle auftreten können, liegt in der Differenzierung gegenüber hypervaskularisierten Narbenstrukturen, reaktiven entzündlichen Strukturen und therapeutisch induzierten Veränderungen. Hier wird die bildgebende Diagnostik durch die Einführung moderner Schnittbildverfahren wie der Computertomografie und der Magnetresonanztomografie entscheidend verbessert. Die Sonografie sowie die farbkodierte Duplexsonografie haben zwar ihren Stellenwert bei dem Nachweis und der Lagebeziehung pathologischer Lymphknotenvergrößerungen. Bei der Diagnostik im Gesichtsschädelbereich

haben sie nur eingeschränkten Wert. Die Computertomografie ist das etablierte Verfahren zur Differenzialdiagnostik von Kopf-Hals-Tumoren. Die neue Multidetektor-Computertomografie ermöglicht hochauflösende Rekonstruktionen in sagittaler und koronarer Schichtorientierung.
Vaskuläre Leitstrukturen können mit der 3D-computertomografischen Angiografie erfasst werden. Kernspintomografische Untersuchungen werden durch die nicht-invasive MR-Angiografie und die MR-Thermometrie im Falle von MR-gesteuerten Interventionen verbessert. Die nicht-invasive 31-Phosphor-Spektroskopie charakterisiert pathologische Phosphormetaboliten und -konzentrationen.
Sowohl der Lymphknotenbefall als auch das Auftreten des Rezidivs eines Plattenepithelkarzinoms im Kopf-Hals-Bereich können frühzeitig mit hoher Sensitivität und Spezifität mit dem FDG-PET entdeckt werden. Noch besser ist das mittels »image-fusion« von PET, CT und MR möglich.
Tumormarker sollen dazu dienen, eine Tumoraktivität möglichst bereits im asymptomatischen Zustand aufzudecken. Gegenwärtig gibt es keinen spezifischen Tumormarker für das Kopf-Hals-Karzinom. Relativ brauchbar sind die unspezifischen Marker SCC und CYFRA 21-1. Methode der Wahl zur frühzeitigen Entdeckung ist nach wie vor die endoskopische Inspektion der Kopf-Hals-Region.
Je zeitlich näher das Auftreten eines Rezidivtumors an der Beendigung der Primärtherapie liegt, desto eingeschränkter sind in der Regel die operativen Möglichkeiten, und desto schlechter ist im Allgemeinen die Prognose, besonders, wenn Operation und Strahlentherapie bereits vorausgegangen sind. Das Gewebe ist meist stark induriert und vernarbt. Postoperative Komplikationen sind häufiger. Es entstehen häufig durch die Rezidiventfernung große Defekte, die durch Transplantate aus entfernten Regionen (z.B. mittels Pectoralis-major-Lappen) gedeckt werden müssen, weil das Nachbargewebe durch die vorausgegangene Therapie zu sehr geschädigt wurde.
Der palliative Eingriff zum Funktionserhalt kann bei fehlenden kurativen Möglichkeiten sinnvoll sein, wenn z.B. durch ein laserchirurgisches Tumordebulking bei Kehlkopf- und Hypopharynxkarzinomen dadurch die Atem- und Schluckfunktion aufrechterhalten werden und somit eine Tracheotomie vermieden werden kann. Für einen kurativen Ansatz ist immer der Lymphknoten- und Metastasenstatus ausschlaggebend. Eine Metaanalyse zeigt, dass bei der Rezidivchirurgie von Kopf-Hals-Malignomen die mittlere krankheitsfreie Überlebensrate ca. 18 Monate beträgt. Hierbei lässt sich eine hohe Korrelation zum Stadium des Rezidivtumors belegen.
Die Indikation zur Strahlentherapie eines Rezidivtumors hängt von der vorangegangenen Therapie ab. Bei Patienten, die primär nur operiert worden sind und keine postoperative Radiotherapie erhielten, kann die Strahlentherapie analog zur Standardtherapie des Primärtumors erfolgen, es sei denn, Fernmetastasen sind bereits nachgewiesen. Anders ist es,

wenn bereits zur Behandlung des Primärtumors bestrahlt worden ist. Hier muss die Indikation individuell gestellt werden. Die Rezidivtherapie ist im Gegensatz zur Primärtherapie nicht standardisiert.

Maximal dosierte Vorbestrahlungen (z.B. mit 70 Gy HD und höher) stellen eine relative Kontraindikation gegen eine hochdosierte Zweitbestrahlung bei Frührezidiven dar. Eine wirksame palliative Tumorreduktion, z.B. zum Wiedereröffnen verlegter Luft- und Speisewege, ist oft rascher und effizienter durch Laserrekanalisation, ggf. in Verbindung mit endoluminaler Brachytherapie möglich.

Die kombinierte Radio-/Chemotherapie großer, nicht-resezierbarer Karzinome, z.B. mit 5-Fluorouracil und Hydroxyurea, kann bis zu 50% komplette und weitere 25% partielle Remissionen erreichen. Die medianen Überlebenszeiten liegen bei 18 Monaten. Randomisierte prospektive Therapiestudien fehlen.

Die Hyperfraktionierung soll durch Dosiserhöhung die lokale Tumorkontrolle erhöhen und die hohe Rate an Spätnebenwirkungen vermindern. Bei vorausgegangener Strahlentherapie muss bei Rezidivtherapie das Bestrahlungsvolumen so knapp wie möglich bemessen werden. Grenzdosen an strahlenempfindlichen Organen, wie z.B. dem Rückenmark, müssen berücksichtigt werden. Eine Rezidivbestrahlung mit 60 Gy HD biologisch effektiver Dosis führt zwar bei der Hälfte der Patienten zur kompletten Remission nach sechs Monaten, aber längerfristig bleibt nur etwa ein Drittel der Patienten lokal dauerhaft tumorfrei. Ob die kombinierte Radio-/Chemotherapie zu besseren Ergebnissen führt, ist bisher noch nicht wissenschaftlich belegt.

Eine sinnvolle Ergänzung der Rezidivtherapie ist die »High Dose Rate/ Pulsed Dose Rate«-Brachytherapie interstitiell oder intrakavitär, wie sie seit 1992 in Kiel durchgeführt wird. Die durchschnittliche Brachytherapie-Dosis beträgt ca. 25 Gy HD, entweder mit fünf Pulsen à 1 Gy alle zwei Stunden und zwölf Stunden Nachtpause PDR oder mit 2 × 2,5 Gy pro Tag mit sechs Stunden Intervall-HDR-Therapie. Das unter der Voraussetzung einer Vorbelastung von ca. 60 Gy aus der Primärtherapie oder simultan 42 Gy perkutaner Strahlentherapie, wenn keine Vorbelastung vorliegt. Die zusätzliche Brachytherapie verbessert die lokale Langzeitkontrolle signifikant.

Präoperativ neoadjuvante oder primäre Chemotherapien können bei Kopf-Hals-Tumoren sehr hohe Remissionsraten von mehr als 80% erzielen, führen aber nicht zu einer Lebensverlängerung. Die simultane Radio-/Chemotherapie z.B. mit Cisplatin, Folinsäure und 5-Fluorouracil ermöglicht bei primär operablen Kopf-Hals-Tumoren einen hochsignifikanten Überlebensvorteil von +22% nach drei Jahren im Vergleich zur alleinigen Radiotherapie, allerdings bei gesteigerter Toxizität. Die Remissionsergebnisse beim Rezidiv nach primärer Operation und/oder Strahlentherapie sind jedoch wesentlich schlechter und liegen etwa bei 20%.

Die Hyperthermie allein oder zur Sensibilisierung von Radio- oder Chemotherapie ist immer noch im experimentellen Stadium, wird nur an wenigen forschungsintensiven Zentren der Welt geprüft und weiterentwickelt, und stellt gegenwärtig keine für die klinische Routine geeignete Option dar. Bemerkenswert ist allerdings, dass bei unter großem Aufwand durchgeführten klinischen Studien unter anderem bei Lymphknotenmetastasen von Kopf-Hals-Karzinomen ein nicht nur für die lokale Kontrolle, sondern auch für das Überleben signifikanter Einfluss der zusätzlichen Hyperthermie nachgewiesen werden konnte.
Der Einsatz von Biomodulatoren zur Erhöhung der strahlentherapeutischen Effizienz ist bislang experimentell. Gesicherte Erkenntnisse über ihre Wirksamkeit bei der Therapie von Tumorrezidiven im Kopf-Hals-Bereich bestehen noch nicht.
Allerdings lässt sich belegen, dass nach Radiotherapie ein signifikanter Zusammenhang zwischen der lokoregionalen Tumorkontrolle im Bestrahlungsvolumen und der prätherapeutischen Bluthämoglobinkonzentration besteht. Der Wirkungsmechanismus ist noch nicht vollständig geklärt. Es besteht wahrscheinlich eine schwache Korrelation zwischen der Sauerstoffspannung im Tumor und der Hämonglobinkonzentration im Blut. pO_2-Gewebspartialdrücke, die niedriger als 10 mmHg sind, erhöhen die Strahlenresistenz. Ungünstigere Tumorkontrollraten sind die Folge. Somit ist die Korrektur niedriger Hämoglobinwerte bei Strahlentherapiepatienten, z.B. durch Bluttransfusionen, sinnvoll. Bluttransfusionen haben jedoch eine Reihe von negativen Begleiterscheinungen. Aus diesem Grunde wird diskutiert, erniedrigte Hämoglobinwerte durch die Stimulation der autologen Hämatopoese ansteigen zu lassen. Dies kann rekombinantes humanes Erythropoietin. Mit Dosen von 400–1000 U/kg KG und Woche und oraler Eisen-Supplementierung wird ein Hämoglobinanstieg von 0,4–0,7 g/100 ml pro Woche erreicht. Hämoglobinwerte im Normbereich verbessern die lokale Tumorkontrolle unter Strahlentherapie und erhöhen die Lebensqualität der Tumorpatienten. Das ist durch breite Anwendungsstudien belegt.
Bei der supportiven Therapie werden folgende Formen unterschieden: die klassische medikamentöse Therapie einschl. der Anwendung von Blutersatzstoffen und hämatologischen Wachstumsfaktoren, Strategien der enteralen und parenteralen Ernährung, Rehabilitationsmaßnahmen und psychologische Unterstützung.
Zu den innovativsten und zurzeit am wirksamsten Supportivtherapeutika zählt Amifostin, ein Medikament, das selektiv das gesunde Gewebe vor Nebenwirkungen der Strahlentherapie und Chemotherapie schützt. In der RTOG 80-02-Studie wurden täglich 340 mg/m^2 verabreicht. Eine Viertelstunde vor Radiotherapie injiziert, hatte es einen hervorragenden supportiven Effekt. Als Nebenwirkungen traten Emesis, Hypotonie und allgemeine Schwäche auf. Amifostin sollte während der gesamten Be-

handlungszeit und mindestens vier Wochen nach Ende der Behandlung appliziert werden.

Die Behandlung des Rezidivtumors im Kopf-Hals-Bereich ist individuell. Sie kann nicht standardisiert werden, weil die Therapieansätze für die Primärtumoren zu vielfältig sind. Allerdings muss ich abschließend dem Satz Richard Greiners zustimmen:

Die beste Therapie des Rezidivs ist seine Vermeidung.